L'Économie désirable
未来理想经济
Sortir du monde thermo-fossile

Pierre Veltz

[法] 皮埃尔·韦尔兹 著

郑书尧 周煌 译

中国出版集团
东方出版中心

图书在版编目（CIP）数据

未来理想经济 /（法）皮埃尔·韦尔兹著；郑书尧，周煌译 .-- 上海：东方出版中心，2024.9
ISBN 978-7-5473-2320-5

Ⅰ.①未… Ⅱ.①皮… ②郑… ③周… Ⅲ.①未来经济
Ⅳ.① F201

中国国家版本馆 CIP 数据核字（2023）第 249904 号

©Éditions du Seuil et La République des idées, 2021

上海市版权局著作权合同登记 图字：09-2024-0373

未来理想经济

著　　者　[法]皮埃尔·韦尔兹（Pierre Veltz）
译　　者　郑书尧　周　煌
出版统筹　刘佩英
责任编辑　徐建梅
特约策划　闫青华
特约编辑　姚敏怡　汤佳钰
装帧设计　万墨轩图书 | 彭佳欣　吴天喆

出 版 人　陈义望
出版发行　东方出版中心
地　　址　上海市仙霞路 345 号
邮政编码　200336
电　　话　021-62417400
印 刷 者　上海盛通时代印刷有限公司

开　　本　787mm×1092mm　1/32
印　　张　6
字　　数　70 千字
插　　图　10 幅
版　　次　2024 年 9 月第 1 版
印　　次　2024 年 9 月第 1 次印刷
定　　价　55.00 元

版权所有　侵权必究
如图书有印装质量问题，请寄回本社出版部调换或拨打 021-62597596 联系。

未来理想经济
是一个关乎未来的命题
是一种人本主义的经济模式
将重新聚焦于人类的基本需求

推荐序

过去数十年以来发达国家的经济发展模式，新自由主义全球化及其进程，近年正在遭受广泛质疑。不少西方学者看到了生产要素，特别是资本的全球自由流动，在带来经济显著增长的同时，也带来了全球变暖加速、自然资源滥用、社会保障不匹配等一系列关乎人类生存环境与生存体验的问题。面对气候变化等全球性挑战，我们必须思考调整经济结构和生活方式。《未来理想经济》一书的作者韦尔兹，怀着人本主义情怀，思考和讨论了这一关乎未来的命题。

在本书中，作者继承了法国知识分子一贯的批判传统，对经济体制及与之相匹配的政治制度和社会安排进行了较为全面的反思。反思首先围绕供给与需求的关系展开。韦尔兹批判了以往过分强调提高供给效率的发展路径，认为一味提升供给效率，例如能源利用效率，会导致杰文斯效应，即需求侧相应的反弹增长，这样的发展模式非但不能广泛惠及民众，亦无法解决由此引发的生态环境等深层次问题，使得所谓的"绿色发展"等命题呈现出"跑步而不前进"的停滞现象。这一状况，在食品、交通、建筑、能源等主要领域均有所体现。因此，作者将重点调整到重视生产和消费两端，主张"人本"经济，希望构建一个以"人"和"人与人之间关系"为核心的经济模式，通过节制和转型来克服现有经济模式带来的生态危机等弊端。为此，韦尔兹也设想了政府角色的变化。他设想政府不仅要扮演市场环境监管者，也要通过大规模投资、税收政策等干预手段来促进这种调整。尤其值得一提的是，作者没有将政府角色的思考局限在国家层面，而是看到了国家在经济活动上的局限性，进而呼吁"地方转型"，在更实际的地域尺度上思考规划调整、资源集约等问题。纵观全书，作者对当前经济发展的重要主题——技术、能源、城市化、税收、金融均有反思，不可谓不全面。

实际上，作者的这些思考，也代表了当前法国和欧洲对现有经济发展模式反思的一派观点。此前单纯追求效率，缺乏社会公平与环境正义的经济发展模式，已经引起了欧盟民众的普遍不满。欧洲绿党的崛起也反映了这种思潮。要解决这种问题，正如作者所思考和主张的，不能仅仅从发展节能技术、提高资源利用率入手，也不能仅仅要求工业界，也需要政府和个人调整角色。但是，如何实现以人为本、绿色发展的经济？这是一个艰巨的任务。在经济活动错综复杂的当代，恐怕很难有放之四海而皆准的原理。就拿作者呼吁的扩大政府干预和促进地方转型来说，国家仍然是经济活动的主要场域，其自身的资源多寡与能力高低，所处的竞争强弱、环境优劣是经济活动变化不能不考虑的问题，地方层次仍不得不服务和受制于国家层次。以作者多次论及的欧洲一体化为例，欧盟预算的分摊、援助资金的转移、投资监管与审查、出口的促进与管制，这些措施仍然主要是在欧盟成员国层面实行的。所谓的"再地方化"，无法绕开国家在国际经济体系中的突出作用，也必须面对单一制和联邦制不同国家的中央与地方的关系大不相同的现实，更遑论牺牲效率追求环境正义的过程，可能导致国家在国际产业与技术竞争中的暂时落后。作者试图引入的"理想经济"，探讨如何在国际、国家、地方多个层面达成均衡，值得我们进一步思考。

在反思现有经济模式弊病的同时，我们也不能忽视经济发展到今天的积极一面。市场主导、效率优先原则下的生产要素自由流动所带来的技术创新，仍然是经济增长和人类福祉增加的主要动力。正如本书第一章中关于汽车排放效率的提高无法抵消汽车数量增长导致排放增加的论证，或多或少地忽视了技术革新的作用。正如近年来新能源汽车的发展所展现的,减少汽车碳排放的路径不只有提高燃油效率一条,电动汽车为降低碳排放提供了"换道超车"的机会。而这样的创新转型,离不开市场的激励。在市场的基础上,加速引导有利于人类福祉的技术创新,提高新技术的可及性和普惠性,对解决作者所担忧的气候危机等问题大有帮助。

全球性的威胁和挑战需要强有力的全球性应对。尽管《未来理想经济》一书更多是从法国及欧洲的视角出发,但作者所关切的和我们的生活也息息相关。站在中国的视角上,如何应对环境破坏、资源浪费等问题,我们也亟待汲取发达国家的经验和教训。一方面,我国仍将面临拉动内需的艰巨任务;另一方面,区域发展不平衡带来的局部消费的迅猛增长,也正在消耗着效率创造的红利;更进一步说,随着我国经济实力和国际地位的提高,也要承担应对气候变化等全球性的责任。从这个角度上看,本书提出的理想经济模式是指引经济转型、经济政策调整的一种构思。作者从多年的观察和实践中出发提出了一系列假设与建议,自成一家之言,值得研读和深思。

丁 纯
欧盟"让·莫内讲席教授"
复旦大学世界经济研究所教授、博士生导师
复旦大学欧洲问题研究中心主任

目 录

推荐序

引　言　直面生态危机　　　　　　　　　　　　001

在未来理想经济的蓝图中，生态问题扮演了一个什么样的角色？

新的生产规则　　　　　　　　　　　　　　　005

生产什么？　　　　　　　　　　　　　　　　008

转弯，请注意　　　　　　　　　　　　　　　011

第一章　效率　　　　　　　　　　　　　　　　015

在步入超工业社会的这个"增量的行星"上，提升"生产—回收"过程的效率，真的能够实现经济"去物质化"愿景吗？

超工业世界　　　　　　　　　　　　　　　　021

"增量的行星"　　　　　　　　　　　　　　　025

去物质化？　　　　　　　　　　　　　　　　029

追求效率之路　　　　　　　　　　　　　　　033

第二章　节俭　　　　　　　　　　　035

效率的提升不可避免地引发杰文斯效应和技术复杂化问题。那么，怎样节约能源呢？

杰文斯效应　　　　　　　　　　　039

技术深度　　　　　　　　　　　　042

成千上万的机器　　　　　　　　　045

数字化：典型的案例　　　　　　　048

使用权经济与访问权经济　　　　　052

追求节俭　　　　　　　　　　　　056

技术辨别力　　　　　　　　　　　060

第三章　以人为本的经济　　　　　063

人本经济，描绘了一个注重人类本质需求的理想经济愿景。那么，人类的本质需求是什么呢？以人为本的经济该往何处去？

个人经济　　　　　　　　　　　　068

整体改变　　　　　　　　　　　　071

个人经济需要集体　　　　　　　　074

健康：进步的余地还很大　　　　　080

卫生健康行业是超级工业基地	084
法国和欧洲的未来轨迹	090

第四章　靠地方来拯救？　　093

当宏大的"整体规划"走向低效，我们是否能够通过地方化，在抽象的世界中重新建立起具体而有温度的人际系统和经济体系？

产业回迁	098
适度和规范的全球化	102
相互依赖	104
全球化的新阶段	106
再地方化的核心能量	109
偏爱近距离	112

第五章　本地性和相互依赖　　117

新一代年轻人反抗虚空，渴望回归实干，叫嚣着拒绝大城市，然而却忽视了地区之间的互相依赖和团结，而后者恰恰是社会契约的基础。

对抽象的反抗	121
忘掉大城市？	125

城市的选择和交通 129
分布式模型 133

第六章 税制、金融和科技 139

碳税、"绿色金融"和"绿色科技",可以作为宏观社会变革的主要路径吗?碳税制度如何制定?"绿色金融"如何定义?"绿色科技"又如何激活呢?

碳税:是空想还是奇迹般的解决方案? 143
从化石能源行业撤资 148
生态投资 151
绿色治理 154
重新寻找指南针 158
技术:熊彼特和詹韦 162
国家在何处? 165

结 论 国家及其面对的生态转型 169

经济和社会在面临生态转型的时候,为什么国家要重回主导地位呢?

引言

直面生态危机

2008—2009年的金融危机是全球经济"内部"失调的结果,但对我们大多数人来说,这个问题相当晦涩难懂。与之相比,2019年12月开始的新冠肺炎疫情的危机则更容易理解。新冠病毒的传播提醒着我们,社会可能因一个看似随机的"外部"冲击而受到极大的影响,而其影响程度之高,在2020年春季之前,没有一人能预想到。我之所以给"外部"二字加上引号,是因为我们对世界,即"社会"与"自然"之间的看法让我们觉得这种冲击是来自外部的。从这个意义上说，与社会面临的严重生态危机相比，这场大流行性传染病带给我们的教训更深，让我们想起物理学和生物学对人类这个物种命运的彻底漠视。但这一教训不仅仅具有哲学意义，也有现实意义。

一方面，我们认识到，如果不对我们的经济结构和生活方式进行深刻改革，我们将走向灾难。另一方面，当前的危机告诉我们，即使是经济的暂时停摆也会带来巨大的损失，而这些损失将主要由国内外最脆弱的人群承担。贫困国家和新兴国家在全球经济冲击中将受到更大的打击，这种打击所带来的危害甚至要大于卫生方面的危机。

但数量越来越多、影响力越来越大的"去增长"①理论家仍然对这个难题视而不见。我们需要深刻的变革，需要新的集体生活形式，但最重要

---

① 去增长是一种政治经济理论，主张发达国家应停止对经济增长的片面追求，通过减缓经济增长达成一种可持续发展的稳态经济。——编者注

的是，在实现变革的过程中，不能加剧不平等、挫伤就业率抑或动摇民生。此时我们最不需要的，就是社会动荡，而法国"黄马甲"运动①带来的社会动荡却仍在持续发酵。

抛开"绿色增长"这类安慰性的言论不谈，目前可以确定的是，如何实现温和且深刻的变革，这个问题尚没有明确的答案。当然，答案不是唯一的，出路也是多样的、实验性的，甚至在某些时候还有可能是混乱的。就这个问题，本书将从四种立场出发，提出一些观点。

新的生产规则

第一种立场是：除了接受现实，我们别无选择。各种或宏大或渺小的乌托邦式思考以及

---

① 始于2018年11月17日，是巴黎50年来最大的骚乱，起因为抗议政府加征燃油税。该运动持续多日，重创法国经济。——编者注

激进主义都可以是有益的,因为它为我们有限的想象力展示了其他的可能。但是,如果我们认真查看联合国政府间气候变化专门委员会(Intergovernmental Panel on Climate Change, IPCC)以及生物多样性和生态系统服务政府间科学政策平台(Intergovernmental Science Policy Platform on Biodiversity and Ecosystem Services, IPBES)出具的报告,结论显而易见:当前的形势十分紧迫,我们没有时间静静等待变革的结束。

也许表面情况并非如此,但我们已然没有时间去建立一个世界政府了,我们应当立刻停止这一幻想,或者其他类似的幻想。若不考虑专制的情况的话,我们社会的发展路线与前景应该会呈现出一种多样性。多米尼克·布尔格(Dominique Bourg)和克里斯蒂安·阿恩斯贝格(Christian Arnsperger)曾在他们的著作中呼吁人们对生活方式进行深刻变革,并如是说道:"我们的民主必须由多个并行发展的现实世界组成。"他们还引用了一句话:"公共服务、资本主义、社会经济和共同经济，这些是可以并行的实验。"[1]激进往往伴随着强制，是变革的最大敌人。

第二种立场是：我们目前仍有操作的空间，其中包括对支配性经济的核心进行变革（尤其是实体经济；对于金融来说，情况则又不同）。我们正在步入的超工业社会[2]具有很强的双重性，因此，我们可以利用这一点来更新已达生命末期的发展模式。一种新的生产规则正在逐渐形成，它将为我们描绘出一个与20世纪的工业世界截然不同的世界：物品经济将转变为使用和体验经济，所有权经济将转变为使用权经济，而制造业领域将向"服务型"模式转变。

所有上述提及的和未能提及的趋势，指引的方向并不是非物质化的经济，而是轻量生态足迹

---

[1] Christian Arnsperger et Dominique Bourg, *Écologie intégrale. Pour une société permacirculaire*, Paris, PUF, 2017.
[2] 详见本书作者在2017年于法国出版的作品《超工业时代：新的生产资本主义》（*La Société hyper-industrielle. Le nouveau capitalisme productif*），也是本书的前作。

的经济，此类经济将有助于节约资源，同时为现今痴迷于"囤货"的消费者重塑消费的意义。找到这些机会，并利用政策来为它们赋能，此举绝不等同于接受幼稚的"绿色资本主义"，或者接受资本主义将自行找到克服危机的资源的想法，即使后者在某些领导层中十分盛行，但这绝不是本书的主张。

生产什么？

第三种立场是：当下最重要的是重拾积极的心态，并构建一套关于理想经济的叙事。潜在的生态灾难给人们带来了深刻的焦虑，新冠肺炎疫情的出现又进一步加剧了焦虑，当今唯一的积极叙事就是数字革命。但我们也必须承认，世界范围内的数字化潮流，以及更广泛的科技进步虽然对许多人来说仍然充满吸引力，但在重塑信心方面，它们却无能为力。

技术悲观主义的不断盛行，很大程度上是由

以谷歌、苹果、脸书、亚马逊和微软为代表的科技巨头们的霸权地位和不当行为造成的，而它们的主导地位在新冠肺炎疫情危机中得到了加强，进一步加剧了不平等。那么，什么可以成为我们所需的积极叙事呢？在这里，我们要谈到环保思想的一个盲点。说到环保，大家都在谈"如何生产"，即如何更节俭地生产、使用更少的资源并减少污染，而不是"生产什么"，即需要发展哪些行业、从事哪些活动、提供哪些类型的工作等。

然而，第二个问题却是至关重要的，因为我们必须找到创造就业机会的途径，以弥补化石燃料产业中大量减少的工作岗位。并且，这样的途径是确实存在的，它们主要存在于个体能力的扩展（简单来说，即围绕健康和教育开展）和共同生活空间的重构（城市、新的集体和区域结构，使生活更健康、更自主）。个体的身躯、大脑和情感，以及我们可以称为"宜居空间"的地方，即地球上可居住的部分：这就是未来经济的两个核心。

这并不是什么乌托邦的或天真的想法！因为事实上，这些领域已经是发达国家拉动需求的主要驱动力。现在唯一需要的变革是心态上的变革，我们要先知道，在法国，因为多种历史原因，健康、教育、文化，以及交通、住房等领域已经被高度社会化，并不是所谓"生产性"经济的负担，而是为未来世界创造价值的关键驱动力——包括"可出口"的工业或超工业价值。

第四种立场是：有人说，我们能否实现加速转型（"转型"这个词过于温和，因为所有的变革肯定不会如此平顺），取决于资源和提供这些资源的政治意愿。这种说法虽然广为流传，但它本质上还是一种亟待摆脱的幻觉。公共资金和私有资金的存量是过剩的，我们缺少的是启动并组织新项目的方向和方法。我所谈的不仅是地方的、具体的项目，更包括那些能够引导和协调分散的私人或公共投资的新"基础设施"（实体基础设施、标准基础设施、软件基础设施）。

数字革命和我们期待的绿色革命的区别在于：前者享受着大量的国家投资，人们在大谈硅谷的"车库神话"时，总是忘记这一点，而后者却没有这样的大规模投资。如果我们的社会无法在欧洲和各国层面上制定结构化的整体框架，以达到真正变革的目的，那么所有与环保相关的经济刺激和融资计划都有可能付诸东流。因此，我们要先开展两项重要的工程：一项是新的国家形式，使其能够引导金融市场或技术达尔文主义无法推动的范式变革；另一项是在公共领域和企业内部实现新的权利分配，以充分发挥企业和机构的创造力。

转弯，请注意

本书共有六章。前两章从工业的维度阐述了转型的利弊，这一维度直接或间接地体现在所有相关领域中（能源、建筑、交通、食品）。这两章的主人公就像刘易斯·卡罗尔（Lewis Carroll）笔下的红皇后：她让她的臣民不断向前奔跑，却不得前进半步。事实上，在碳排放和物料消耗方面存在巨大的效率提升空间，但效率的提升却受到消费激增的威胁，甚至被它逆转。因此，除了节俭，我们还要改变过度复杂的消费方式、组织形式和产品与服务设计。

第三章则展示了一个理想的经济前景，即围绕着健康、食品、教育、交通、文化、娱乐和安全等领域，将投资和发展模式引向"人本"经济。这个经济体系强调了个人、身体、生产和生活关怀的核心地位，同时呼吁将人际关系行业作为主要价值创造来源。

第四章和第五章描述并质疑社会的"地方转型"，这一转型具有多种维度，呈现出多样的意识形态色彩，但它们都源于一个共同的假设：当国家无法作为时，只有地方才能重新振奋人心。个人的作用可能很微小，但我们必须行动起来，而生态问题正是地方转型的重要方向。

这两章强调了一个事实：地方或者"微地方"的主观能动性空前增长，为变革注入了新的能量；同时，当地方的价值观过度发展，并演变为"地方主义"时，我们将会面临一定的风险。我们要警惕封闭带来的诱惑，不要低估国家和国际范围内各地区之间的相互依赖关系。

最后，第六章探讨了宏观社会变革的主要路径：税收、绿色金融和"绿色科技"。本书的观点是，这些途径都无法引导并实现范式改变。因为这种改变并非简单的转型，而是方向上的转弯，纵观历史，这样的改变没有一次不是通过大规模的政治干预、大量的公共投资和"计划型"的框架实现的。诸如法国这类国家，已经深深接受了自己的首要角色是市场的保障者这一事实，它们还有能力实现这样的改变吗？在不采取集权形式的前提下，它们如何对这一框架进行重构呢？

本书并不包含所谓的"基本话题"，即针对

气候变化、生物多样性减少或国际政策[1]的分析。在阅读日渐增多的科研报告后，不难发现，生态（包含气候、生物多样性）问题以及与之紧密相关的社会挑战问题已经成为众多问题中的头等大事。现在，我们更应该直接关注对生态问题的分析并将它与全球经济发展、生产溯源、金融、公共监管和区域结构结合起来。

---

[1] 针对这些话题已经有许多出色的作品，如Christian de Perthuis, *Le Tic-tac de l'horloge climatique. Une course contre la montre pour le climat*, Louvain-la-Neuve, De Boeck Supérieur, coll. « Planète en jeu », 2019. 由Jean Jouzel作序。

第一章 效率

2020年8月,英国利兹大学的一份研究报告表明,海平面上升速率与最消极的模型预测一致①。在经济停摆时期,环境危机还在持续发酵。虽然各大一线城市的大气污染数值有所降低,但气候变暖主要还是受温室气体存量而非短期内的

---

① Anna E. Hogg, Ruth Mottram et Thomas Slater, « Ice-sheet losses track high-end sea-level rise projections», *Nature Climate Change*, 31 août 2020.

排放量影响。要想降低温室气体存量,需要开展长期的减排工作。这才是问题的关键所在。

2020年,法国气温再创新高。联合国政府间气候变化专门委员会提出的将全球升温控制在1.5摄氏度以内的目标越来越难以实现。我们能在所剩不多的时间内,对生产和消费模式做出一定的改变,来达到控制气候变暖的目标吗?一部分人认为这场战役虽然还未结束,但败局已定。可是,我们真的能够承受失败的代价吗?还有一部分人认为,这场战役的主战场并不在欧洲,而在亚洲,也许未来会转移到非洲。此言虽不无道理,但这可以作为欧洲人逃避战斗的理由吗?

气候问题要从多个角度来看。减少温室气体排放和低碳经济转型——尤其是能源转型——是一方面。还有一个讨论度不高的方面,就是减少资源的消耗,特别是金属矿产资源。早在半个世纪之前的1972年,罗马俱乐部①的一篇研究报告就提及了这一点,彼时甚至还没有出现气候变暖的话题。上述这两个方面是紧密联系的。

具体应该怎么做,也可以从两个维度来作答。首先,从供给侧来看,我们要提高资源的效率。当前世界范围内的工业"资源生产率"还普遍偏低,仍有很大进步空间。然而,仅仅追求资源效率的提高是不够的,因为它会被需求大幅增长带来的影响抵消和超越。汽车的能源效率再高,也敌不过日益增多的汽车带来的排放!

照明系统也是很好的例子。与最早的电灯相比,现在的电灯每单位能源的照明效率提高了3 000倍,属于人类日常使用的电气设备中发展速度最快的。而这带来了怎样的结果呢?能源被大量消耗,卫星可以在遥远的太空看清夜间的城市,同时,光污染也干扰了生态系统的自然运行。

---

① 关于未来学研究的国际性民间学术团体,也是一个研讨全球问题的全球智囊组织。——译者注

因此，如果不在需求侧做出实质性的改变，要想战胜气候变暖是不可能的。这就是具体做法的第二个维度：改变生活和消费模式，也就是节流。在这个维度上，个体做出的每一个选择都十分重要。但最大的挑战是，如何使得整个集体重新定义生活中的优先事项。这是一项系统性的工作，然而目前政府部门还只是在区域的层面上制定公共政策。

汽车之所以越来越多，是因为城市的规划比较分散（或者说缺乏规划），需要奔走于不同地区的人们不得不选择汽车作为代步工具（有时甚至需要两辆汽车）。工业扮演着关键的角色，或直接或间接地影响着人们的选择。作为生产部门，工业是比城市规划更易操作的改革杠杆。但实际上，工业又不同于其他生产部门，因为它的产品、工具、方法和文化是无处不在的。

超工业世界

关于工业的主流言论有两种：一种是如埃米尔·左拉（Émile Zola）所描述的，工业使世界充满污染、终日灰暗；另一种则是如科幻作品中所描述的那样，人类将步入后工业时代，服务将取代物质，成为经济的主要载体，同时，经济将不再具备强烈的实体特征。这两种言论都是错误的。就整体而言，制造工业远没有达到"清洁"和脱碳的程度。法国经常向对环保不敏感的国家转移污染，也从中取得了不少实质性的效果①。但法国社会并没有步入后工业时代，而是进入了超工业时代。

---

① 大致来说，全世界的制造工业排放了近四分之一的温室气体（其中一半源自水泥、钢铁、铝制品、化学品的生产）。而法国排放的温室气体中，只有近五分之一源自制造业。虽然工业涉及的领域繁多（运输、建筑、农业），但此处我们只谈工业模式，不谈具体的工业领域。

我之所以用超工业来形容，有以下三点原因。首先，单从领域意义来说，工业依旧处于世界经济的中心。虽然工业只创造了约4亿个工作岗位，但它拉动了经济中其他部分的增长，因为它聚合了所有高生产率的行业。正是因为工业，人类的生产和消费规模才达到了顶峰。我们这里谈及的工业并不只存在于新兴工业国家。虽然从体量上来说，中国工业崛起并取得非凡成绩，但从人均附加值来说，瑞士目前是制造业最发达的国家，紧随其后的是其他欧洲国家——尤其是环阿尔卑斯山的各国，以及美国。

其实绝大多数新兴国家并没有夺走老牌工业强国的饭碗，相反，它们很难跟上强国的脚步，因为其工业技术已经非常成熟，且高度依赖尖端科技和服务，而后者往往在少数国家或地区形成集群。同时，新冠肺炎疫情的出现使得原本投向新兴国家的资本大量回流，从而进一步加强了集群趋势。当然，仍有许多商品的主要生产地还是在人力成本低、用工条件差、环保限制少的国家——服装就属于这类商品,但世界工业的资本密集度越来越高、自动化生产的进程越来越快、生产地越来越靠近主要消费市场,这些都是不可否认的现实。

其次,工业和服务业的传统差异愈发模糊,二者的联系也愈发紧密。从完整的产业链来看,我们不难发现,虽然在自动化影响下,商品制造阶段的岗位数量有所减少,但随之而来的是上游(设计研发、市场营销)和下游(销售)岗位的大幅增长。两种岗位在数量上的消长,是一种长周期、大范围的转变。它最早出现在生产车间里:工作内容从直接开展生产逐渐向管理、维护生产设备转移。现如今,这一转变已经上升到社会层面。许多曾经需要实地、实时开展的工作,已经可以远程(甚至是超远距离)、差时进行。比如,我们现在已经可以实现自动化工厂的远程管理。

我们进入了一个数码的镜像世界,在这里,所有的物品都可以以虚拟模型(数码复制品)的形式呈现,它们不但可以无限复制,而且生产的边际成本也逐渐降低。居家隔离的日子让我们意识到，生产生活可以脱离现实环境（虽然这一现象已经存在，但依旧有很大发展空间）。然而正是因为这一现象的存在，我们也难以计算附加值、污染以及碳排放发生的地理位置。因此，将一线工人数量的减少视作迈向后工业社会的迹象，这一想法是荒谬的，其荒谬程度正如将发电厂工人数量的减少视作迈向后电气社会的迹象一般[①]。

最后也是最重要的原因在于，无论是从方法的角度还是经济、技术模式的角度来看，服务业和制造业的生产活动都在变得愈发接近。可以说，服务业正在工业化；而工业领域的企业家们正不断向"服务型"经济模式靠拢。在他们看来，自己兜售的不再是物品，而是方案、功能、用途，甚至是与物品相关的体验。这样的例子有很多：

---

① 算上制造业、直接相关的服务以及大型工业服务（能源、交通、城市网络、电信），法国的总附加值接近国内生产总值的30%，而不是通常显示的11%或12%。

轮胎厂商出售的是行进的路程；汽车厂商出售的是出行服务而不再是汽车，电车和油车都是如此；医药公司出售的是医用器具和服务套餐。

一种双重转变正在悄然发生：从物品经济到使用和体验经济的转变，以及从所有权经济到使用权经济的转变。这种转变才刚刚开始，但它是最有希望实现环保经济的途径之一。

"增量的行星"

长期以来，在讨论后工业社会时，人们一直认为经济将会愈发轻量化和"去物质化"。幸运的是，环保意识的出现逐渐消除了这些傻话。因为超工业社会的物质足迹正在增加，即使是在"纯服务"领域。

接下来我们将看到一组惊人的数字。半个世纪以来，全球化让万物之间的连接性取得了巨大飞跃，再加上世界范围内——尤其是亚洲——大规模的城市化，导致了巨额的基础设施支出。这项支出在北美和欧洲已相当稳定，甚至有所下降，以至于每隔一段时间就会引发基建老化的风险警报。但是部分地区的支出稳定并不能掩盖全球范围内的支出暴涨。算上城市、港口、隧道、桥梁、机场、铁路网络、电网、光纤和海底电缆、卫星、管道，2010年全球基础设施支出总额在3 000亿到5 000亿美元之间，其中大部分支出主要发生在亚洲，这项支出已经大大超过了全球军事开支。部分预测甚至认为这一金额在2025年将达到9 000亿美元。

事实上，我们生活在一个由越来越紧密的人工制品网络"增量的行星"上。人工制品网络越密集，对矿产资源的影响就越大。矿产资源问题长期以来一直被能源问题所掩盖。但是今天，我们意识到了采掘工业对地球物质（除煤、油和气之外）的巨大提取量。按照乔治·卡拉斯（Georges

Calas）的说法，现如今全球矿业开采或转移的物质体积已经超过了自然侵蚀的物质体积[1]。

这个问题之所以受到关注，是因为世界各国发现了自身对某些金属（稀土）的依赖，这些金属对于许多高科技产品（电池、电子、光伏）至关重要，而它们几乎全部分布在中国[2]。但是，这个问题同样反映在更常见的资源上，包括用于生产普通材料——如水泥、钢铁、纸张、铝和塑料——的那些资源。仅仅这五种材料的生产过程，就造成了55%的工业二氧化碳排放。自1960年以来，对它们的需求已经增加到了原来的五倍，并且仍在快速增长[3]。部分数字高到难以置信：

---

[1] Georges Calas, *Les ressources minérales, enjeu majeur du développement durable*, Leçons inaugurales du Collège de France, Paris, Collège de France/Fayard, 2015.

[2] Guillaume Pitron, *La Guerre des métaux rares*, Paris, Les Liens qui libèrent, 2018 ; Philippe Bihouix et Benoît de Guillebon, *Raréfaction des métaux. Un nouveau défi pour la société*, Les Ulis, EDP Sciences, 2010 ; et Ugo Bardi, *Le Grand Pillage*, Paris, Les Petits Matins, Institut Veblen, 2015.

[3] Julian Allwood et Jonathan Cullen, *Sustainable Materials. Without the Hot Air*, Cambridge, UIT Cambridge, 2015.

中国在三年时间内（2011—2013年）所用的水泥是美国在整个20世纪所用的1.5倍[①]。

另外，我们不应当将服务业想象成与重型工业和基础设施对立的轻型领域。服务业的活动往往与重型物质密不可分。在拉德芳斯[②]工作的办公室职员不会直接操作昂贵的机器，但是他的活动成本（能源和材料）无法与城市的支出分离开来。任何看似轻盈的活动背后，都有一个复杂的"后勤部门"，负责提供难以估量的物质和流程保障。

数字技术就是一个很有代表性的例子。数字世界常被视为当前社会去物质化进程的象征，但从能源、材料，特别是稀有金属的消耗来说，它实际上是一种重型工业。数字技术既包括由巨大

[①] 数据源自美国地质勘探局，由Vaclav Smil提供，见Vaclav Smil, *Making the Modern World. Materials and Dematerialization*, New Jersey, John Wiley & Sons, 2014.
[②] 巴黎都会区首要的中心商务区。——编者注

的船只连续铺设而成的水下电缆，又包括中继卫星，以及现阶段为应对流媒体爆炸性增长而设置的微型卫星星座，它还包括能够提供云服务的巨大服务器群，它们往往位于相当奇特的地方，尤其是北极圈。在2019年底，谷歌宣布投资30亿美元建设它的欧洲数据中心，这些数据中心主要位于芬兰北部。

我将在下一章中详细讨论此问题。目前我们先来看另一组数据：数字技术的全球温室气体排放量约占2019年全球排放量的4%，但其增速非常惊人（每年增长8%），到2025年将占到全球总排放量的8%，与现今汽车和摩托车的排放量相当。

去物质化？

工业家谈及环境议题时，总能表现得出奇冷静。其中一大原因是，早在生态学出现之前，他们就已经从能源和材料消耗方面入手，着力提高生产过程的效率了，而且他们做得很成功。眼下，人类世界虽然还存在许多浪费行为，但无论是在能源还是材料资源方面，我们都达到了前所未有的利用效率，即使是和近现代相比。

这里列举一个足以说明问题的数字。中国是全球温室气体排放大国，但它在 2012 年的人均排放水平大约只是西方国家在相同发展阶段（以人均 GDP 衡量）的二分之一。这一数值接近西方国家 19 世纪末的排放量，而彼时西方还处于以农业社会为主的时期。

"去物质化"不是指世界经济对物质的全面抛弃，而是指为满足某个特定的、有用的功能减少所需资源的体积，"去物质化"是现代社会的核心。当然，有些"去物质化"只是一种表面现象，实质上是资源用途的转移（例如数字化的情况，用的纸张、木材或布料更少了，但却需要更多其他资源，尤其是电子领域发展需要的矿物质）。

但真正的"去物质化"是蔚为壮观的，它可以通过特定环境下的质量功能比、质量体积比或质量功率比来体现。加拿大研究人员瓦茨拉夫·斯米尔（Vaclav Smil）为此项研究提供了大量的数据和例子。奥托（Otto）于1874年制造的第一辆汽车的质量功率比为900克/瓦特；1901年的梅赛德斯35为8.8克/瓦特。现在的汽车则介于1克至1.5克/瓦特之间，而得益于摩尔定律[①]，计算机创造了质量功率比的最高纪录。我们再看一个更普通的例子：330毫升的铝或钢易拉罐。20世纪60年代，第一批美国330毫升铝易拉罐重85克，如今，由于冶金技术和成型技术的进步，它们的重量仅略超10克。

但在资源的利用效率方面，我们还有巨大的进步空间。30多年前，在恩斯特·冯·魏茨塞

---

① 摩尔定律是描述计算机惊人的功率增益的一种方式。从1965年到2017年，芯片上的晶体管数量每18个月就会在不增加生产成本的前提下翻一倍。

克爵士（Ernst von Weizsäcker）创立的沃珀塔尔（Wuppertal）研究所里，研究人员们就已经系统地研究了去物质化的可能性，他们的研究围绕着一个非常有趣的综合指标：MIPS（Material Input per Service unit，每单位服务的物质投入）[1]。他们最初提出了将该数值降至原有的四分之一的目标，随后，罗马俱乐部受他们启发，在一份报告中提出了"除数为5"的概念，即将我们的工业流程的单位材料消耗减少80%[2]。

---

[1] 需要注意的是，该指标参考的是提供的服务，而不是某些物品的物理特征。

[2] Ernst von Weizsäcker, Karlson Hargroes et al., *Facteur 5. Comment transformer l'économie en rendant les ressources cinq fois plus productives*, Louvainla-Neuve, De Boeck, 2013 (2009).

追求效率之路

众多行业都在通过四个主要途径追求效率的提升,它们分别是:

(1)更好的产品设计。用得越少才越环保,这一点不仅仅体现在能源行业,还体现在其他诸多行业中,其中潜力最大的可能是建筑业。通过改变建筑和结构的设计,建筑业应该能够大幅减少水泥和钢材的消耗。

(2)通过减少废料和原料损失来优化流程。据估计,全球生产的25%的钢材和近50%的铝材没有用于终端产品。

(3)回收和再利用。即使在纸张和铝盒这两种回收效果最好的产品上,我们仍然有很大的进步空间。产品的回收可能性与其设计密切相关。电子产品虽然富含稀有金属,但它们却紧密混合在一起,因此从废弃电子产品中回收这些金属是极其困难的。

（4）寻找储量更大、质量更轻、污染更小的替代材料。在交通领域，逐步将钢铁替换为铝或复合材料可以显著减轻车辆的重量，这也将大幅降低油耗和二氧化碳排放。但问题在于，不是所有问题都能通过寻找替代品解决。例如，将铜替换为稀有金属铝在电网中是可行的，但铝的生产比铜的生产耗能高出四倍。钛在地壳中含量丰富，且耐腐蚀，可作为车身钢铁的优秀替代品，但其熔点非常高，生产过程需要大量能量，除非能将汽车的生命周期变得非常长，否则广泛使用钛金属车身将毫无意义。

经济循环，特别是对金属的循环利用，仍然是一个非常难实现的目标，这主要是其内在的技术原因导致的，而不仅仅是经济或社会选择的原因。

第二章 节俭

反弹效应　杰文斯效应　技术深度效应

第二章 节俭

尽管提升效率可以带来很大的收益，这方面的进步空间也很大，但现实是残酷的：效率的增速往往低于需求的增速。从每个功能单位的相对去物质化到绝对去物质化还有很大差距。以金属为例，目前没有任何预测方案认为我们可以绝对地放弃对金属的使用。

常见金属（铁、镍、锌、铜、铅）每年的需求增长在2%到6%之间。17种对可再生能源具有战略意义的稀土金属，每年的需求增长率更是高达10%至12%。虽然我们嘴上说着如果没有效率的提高情况会更糟，但这么说也只是纸上谈兵罢了，并不能解决问题。我们已经观察到能源、温室气体排放与GDP增长之间，存在一定的脱钩①，但这种脱钩尚未出现在矿产资源方面。

我们现在的境况就像《爱丽丝梦游仙境》中红皇后的臣民一般，必须跑得更快才能留在原地。如果没有盒子中的三个恶魔，一切都会好起来。第一个恶魔当然是人口问题，以及新兴国家对消费的合理追赶。我们对此无能为力，我也不在此进行讨论。第二个恶魔已经有相当充分的文献研究，被称为"反弹效应"（effet rebond）或"杰文斯效应"（effet Jevons）。第三个恶魔虽然较少被提及，但同样重要，我称之为"技术深度效应"（effet de profondeur technologique）。

---

① Marion Cohen et Alain Grandjean, « Les liens entre PIB et énergie dans une trajectoire +2 °C », 17 avril 2017, https://alaingrandjean.fr. 文中提到了卡亚公式，即二氧化碳排放量取决于二氧化碳与能源之比（几乎恒定）乘以能源与GDP之比（随着能源效率的提高而下降）乘以GDP（大幅增长）。

杰文斯效应

杰文斯效应虽然并不为大众所熟知，但却是一个至关重要的问题。那么，它究竟是什么呢？很简单，当我们提高一个产品（商品或服务）的资源效率时，它的价格会降低，产品也会更具吸引力。结果就是，消费增加带来的资源消耗抵消甚至大大超越了每单位产品节省下来的资源量。正如瓦茨拉夫·斯米尔所说，"减少反而成为增加的驱动力"[1]。

1865年，英国煤炭生产商为蒸汽机日益提高的效率感到担忧，因为这样一来，他们手中的宝贵燃料的销量可能会越来越低。对此，曾与莱昂·瓦尔拉斯（Léon Walras）共同成立边际主义

---

[1] Vaclav Smil, *Making the Modern World. Materials and Dematerialization*, op. cit.

学派的经验主义经济学家威廉·斯坦利·杰文斯（William Stanley Jevons）回应道："将能源利用效率的提高和能源消耗量的降低画上等号的想法是完全错误的。实际情况恰恰相反。"在一个半世纪后的今天，我们也很难说他的回应是错的。

这种效应，也被称为"反弹效应"，它无处不在。建筑热工专家都知道，当建筑物的保温性能得到提高时，住户反而会随之调高暖气。交通专家都知道，当交通出行变得更加便捷时，出行的需求会增加，且在人口密集的区域中，每一项新的基础设施很快就会饱和。

杰文斯效应在制造业的生产环节中尤为明显。回顾前文提到的易拉罐，尽管单位生产消耗显著降低了，但自1980年以来，铝消耗量却增长了50%以上，因为易拉罐的生产数量激增。反弹效应最明显的例子可能是照明系统，我们也已在前文提过。要知道，电力照明直到1920年后才普及到法国农村，而今天，卫星采集到的夜间照明数据已经可以用来估算各国的国内生产总值了。

这种反弹并不止出现一次，它也可以是多次的，因为除了直接的反弹效应，即当某种商品生产更加高效时，其消费量增加之外，也有间接反弹效应，即家庭或企业预算中节省的消费额度，将转移到其他商品上。举例来说，假如我的能源预算因为房屋保温性能更好而降低，我会利用这个机会多旅行或是购买更大的汽车等。

此外，还存在"系统性"的（或者说宏观经济层面的）反弹效应，它指的是效率提高、相对价格变动以及由此产生的商品供应结构在经济、市场、行为和生活方式中所引起的多种变化。实际上，我们的社会将通过成千上万种方式消化掉基础效率提高带来的收益，这是无法完全描述的。那么我们如何才能在提高能源和物质利用效率的同时，战胜杰文斯效应呢？我们发现，唯一的出路是将效率之路与节俭之路结合起来，即减少消费，或者更确切地说，消费转型。

技术深度

杰文斯效应并不是唯一的问题。让我们先来探讨一下能源消耗巨幅增长的本质和意义。总体而言，在过去150年间，这种增长与GDP的增长密切相关。这并不奇怪，因为这两个变量本就是共生的，经济活动和能源在某种程度上是现实的一体两面。

2014年，每人每创造1美元的收入（人均GDP），平均就要动用1千瓦·时的能源。在人口显著老龄化的富裕国家，自2000年以来，人均GDP增长和人均能源消耗之间开始出现脱钩。瑞士和瑞典就是典型例子，但这些都是次要的变化。最重要的是，每人动用的能源总量是巨大的。自20世纪50年代以来，这一数字在全球范围内已经增长到原来的7倍。

让-马克·扬科维奇（Jean-Marc Jancovici）通过一组非常具有教育性的例子揭示了这种无节

制增长的奥秘[1]，无需怀疑，这确实是一个奥秘。他告诉我们，一个人进行剧烈肌肉劳动产生的能量约为每天三分之一千瓦·时，每年100千瓦·时。然而，如今人们平均每年动用（各国和各个社会阶层的差异巨大）的能量为20 000千瓦·时！在法国，这个数字还要再乘上3倍。

扬科维奇由此出发，做了一个噱头十足的比较，他认为，我们的生活环境约等于每个人永远有600个奴隶为其服务。这些"奴隶"为我们做什么，他们又藏在哪里？实际上，我们并没有直接消耗能源。我们的"消耗"来自无数为我们工作的机器，而我们并没有意识到这一点。

人类使用能源，就是给我们控制的机器提供能量。……机器已经成为现代的奴隶，我们每天直接

---

[1] https://jancovici.com/transition-energetique/vous-etes-plutot-primaire-ou-plutot-final/

或间接地使用着成千上万（甚至十几万）台机器，而绝大部分时间我们都没有意识到这一点。①

我们可以将现今的物质环境与父母或祖父母的物质环境进行比较，这样一来，我们很容易就能发现新增的家用设施，它们的普及速度简直令人瞠目。谁还记得第一台触摸屏是在 2007 年出现的？

我们还需要发挥想象力，看看我们身边的家用设施所包含的生产步骤和组件数量，以便看清物品复杂性的巨幅上升。这种隐形的"技术深度"是导致能源和物质影响加剧的主要原因之一。

---

① Marion Cohen et Alain Grandjean, « Les liens entre PIB et énergie dans une trajectoire +2 °C », op. cit.

成千上万的机器

50年前甚至30年前，家用设施不仅数量少，而且结构简单，通常可以在当地重制、维修，或者用常见的材料生产。如今，即使是最基本的产品或服务也都隐藏着错综复杂、令人晕头转向的设计。

扬科维奇举了一些简单的例子。当我们在刷牙时，有没有想过，小小的一支牙膏管，需要调用海上平台来提取石油，提取出来的石油又要放入蒸汽裂解装置里，才能制造出管身的塑料；淀粉厂需要用玉米制造牙膏的膏体，那么就需要机器来种植玉米，需要制造肥料的工厂。此外，还需要制造浴室镜的工厂、净水厂，以及大量的生产线，来制造所有这些机器。家用设施的组件数量和复杂性正在逐步且稳定地增长。

从本质上来说，今天的汽车提供的服务与20世纪80年代的汽车所提供的服务相同。然而，二者已经完全不是同一个物品了。现在的汽车估计有30 000个零件，这还不算软件支撑。灰色能源，即物品生产过程中消耗的能源，已经远远超过了我们直接使用的能源。就灰色能源占比来说，数码产品是纪录的保持者。智能手机在投入使用前所消耗的能量占其总能耗的90%。当我们在Netflix（网飞公司[①]）上观看视频时，观看过程中消耗的电量与实际消耗的能量之间的比例为1∶2 000。

以亚马逊智能音箱Echo的语音助手Alexa为例，它能在极短的时间内对我们的语音指令进行回复（"今天天气怎么样""恺撒在被暗杀时是多少岁"）。哪怕最简单的语音指令（"Alexa，开灯"）都会启动全球的硬件和软件基础设施（包括服务器集群、卫星和光纤）。这一系统的核心是人工智能算法，它要做到识别语音并在庞大的数据库中进行检索，其本身也非常耗能[②]。

[①] 网飞公司：在线影片租赁提供商。

[②] Karen Hao, « Training a single AI model can emit as much carbon as five cars in their lifetimes. Deep learning has a terrible carbon footprint », *MIT Technology Review*, 6 juin 2019.

拥有600个奴隶的我们，生活的优渥程度是否比只有100个奴隶时提高了6倍？早在20世纪50年代末，生态思想的先驱贝特朗·德·尤文内尔（Bertrand de Jouvenel）就注意到了这一点，他表示："无论如何计算个人生活水平的进步，我们得到的系数都远远低于人均能源消耗量的进步。"[①] 他捕捉到了这个关键点，因为他关注的是需求和生活质量，而不是像当时和现今的大多数经济学家那样，仅仅关注供给侧的生产率。

"技术深度"的作用过程与反弹效应有很大的不同。后者是由需求驱动的，而技术复杂性的野蛮增长则来自供给侧：工程师的技术冲动、追逐产品吸引力带来的工业竞争，以及在数字时代，大型平台不断开辟新市场的期望。

---

① Bertrand de Jouvenel, *Arcadie. Essais sur le mieux-vivre*, Paris, Gallimard, 2002.

技术深度的趋势无法抵挡，它与全球化和"世界制造"有关。生产的日益分散、组件的日益多样以及产品的日益复杂，三者是相互促进的[①]。

数字化：典型的案例

数字世界完美地展示了效率、反弹效应和技术深度之间的联系。它将这三个方面推向了新的高度[②]。单位效率（尤其是能源效率）的提高在这里特别明显。从最早的计算机到现在的芯片，每千瓦·时的计算能力经历了爆炸性的增长，每1.57年翻一番，自20世纪60年代以来增长了大约100亿倍。这已经是众所周知的事情了。

[①] 如今，建筑业（尤其是钢铁和水泥）、供暖和空调等领域的物质和能源足迹占比很高，这些领域与"技术深度"并不存在非常直接的逻辑关系，但它们在上游整合了越来越多的物品和极为复杂的流程。

[②] 此处主要参考Shift Project关于数字可持续性的研究。请参阅由于格·费雷博夫（Hugues Ferreboeuf）指导的Shift Project智库报告《迈向数字节俭》（参考www.theshiftproject.org）。

然而，单位效率虽然飞速提高，但总能耗（包括终端和传感器、网络以及计算和存储中心）仍然大幅增长，最近几年也是如此。从2013年至今，能源消耗翻了一番。预计到2025年，能源消耗将再次翻番（这是在新冠肺炎疫情发生之前的预估值）。在人类接近技术极限，摩尔定律也即将走到尽头的今天，物联网和它的基础——5G技术将进一步加剧该趋势。

正如我之前提到的，数字设备和基础设施中的固有能源消耗特别高。但使用能耗也在快速增长。各大平台会定期通报它们的服务器集群能实现的效率进步，这些进步是真实的。但反弹效应也非常强大，这主要源自在线视频的爆炸式增长。

数字领域的反弹效应与其他传统领域有所不同，因为它的反弹是被网络效应和主导网络空间的大型平台所放大的。某个平台的客户越多，它对客户、网络行业和所有者的价值就越高。因此，它的经济模式在很大程度上依赖于流量的增长，这也使得平台必须尽可能地捕获用户的数据并增加自身的资本价值。

然而，用户对流量的增长却视若无睹，平台也很少补偿由此产生的外部损害。例如，亚马逊只支付其数据中心的直接能源成本，但所有的负面影响，无论是局部的还是全球的，从气候变暖到卡车运输，都由社会承担。用户则有一种免费享受的愉快感。因此，没有人想阻止这种强大的反弹效应，因为这种效应正是通过吸引客户来维持的。

技术深度的不断增加，或者说看似古怪的功能的持续增加，正是数字领域的核心。例如，前文提到的Echo类型的语音助手，正是用于开辟潜在的物联网应用市场的特洛伊木马，目的就是让我们所有的通电设备都能生成和交换数据。数字领域探究的是基于数据提取和重组的应用多样性，谈论功能的简化似乎与其基本价值观完全矛盾。

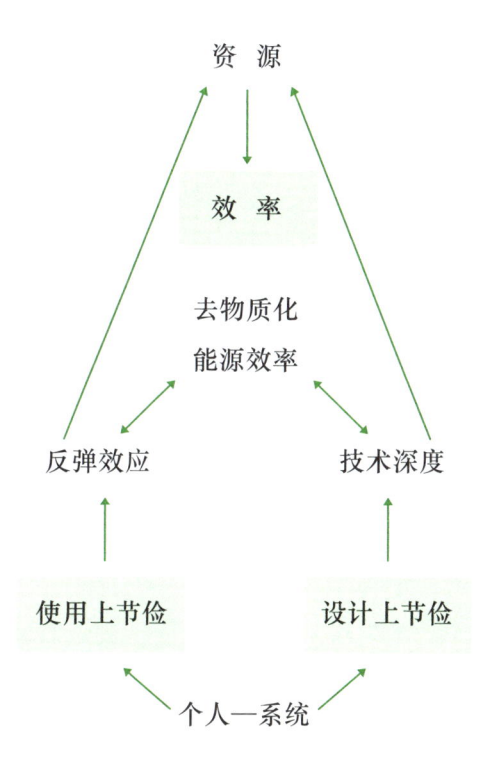

```
        资  源
          ↓
        效  率

      去物质化
      能源效率

反弹效应  ↔    技术深度
   ↑              ↑
使用上节俭      设计上节俭
       ↖      ↗
        个人—系统
```

使用权经济与访问权经济

从所有权经济向使用权（访问权）经济的转变开启了一条前景十足的道路，这条道路通常被称为功能经济[1]。如果用户确实更喜欢访问而不是拥有，如果企业能采用以物品提供的服务为基础的经济模式，那么从可持续性和资源消耗的角度来看，这个趋势显然是有益的。例如，如果米其林不再销售轮胎，而是按行驶里程计费，那么米其林就会想方设法让轮胎尽可能地使用得更久。

在工业领域，这个模式已经存在很长时间。最早的例子是兰克施乐公司（Rank Xerox），其经济模式基于出租复印机并根据使用量收费。航

---

[1] 关于功能经济，已经有丰富的参考文献，如ADEME, ATEMIS, Patrice Vuidel et Brigitte Pasquelin « Vers une économie de fonctionnalité à haute valeur environnementale et sociale, à l'horizon 2050 », *rapport ADEME*, juin 2017.

空发动机制造商不是向航空公司出售发动机，而是提供包含维护在内的飞行时长。飞机轮胎制造商按照降落次数（顺利降落最好）计费。灯具制造商销售灯光，签订绩效合同。自2015年以来，飞利浦为阿姆斯特丹机场提供整体照明解决方案，节约下来的能源费用则作为机场的支付款[1]。

这种模式正在向大众市场迁移。现在我们购买的是供暖而不是天然气，购买的是出行能力而不是汽车。有人预测，拥有一辆汽车很快将变得像拥有一匹马一样过时。虽然当前的情况还没有这么夸张，但各种短期或长期的租赁方案，以及旨在最大程度减少车辆闲置的共享使用方案，都在大幅增多。最先进的方案是通过简单的点击即可使用一辆汽车，按照可任意挑选的车型、灵活

---

[1] https://www.philips.com/a-w/about/news/archive/standard/news/press/2015/20150416-Philips-provides-Light-as-a-Service-to-Schiphol-Airport.html

的使用期限以及包含所有费用（包括行政费用）的套餐式计费方式，如沃尔沃关怀计划[①]。

数字技术在提高供需匹配的灵活性以及实现性能的远程测量和管理方面发挥着关键作用。借助物联网，生产商可以实时了解其产品的实际使用情况，就像由供应商监控的工业设备一样。理论上，这些信息应该有助于不断改进产品，大幅缩短根据使用情况进行经验反馈的循环。这里有一些非常有趣的方向，有助于实现能源和材料的节约。事实上，所有有助于提高物品使用频次、日常使用时长并推迟其过时（无论是否在产商"计划"内）时间的做法都应该得到鼓励。

但我们也不必过于激动。经验表明，企业在为非物质产品设计有效期时，其想象力是无止境的。计算机系统和软件的不断更新就是一个完美的例子，这是我们所有人都无法避免的。总的来

[①] 此类方案目前主要面向高端车型。

说，数字世界更注重用户访问，甚至经常是免费对用户开放的。然而，正如我们刚才看到的，这种表面上的免费最终导致了使用的无节制发展。这是杰文斯效应的又一体现！

基于访问权和服务的经济与基于所有权和物品的经济一样，都无法避开反弹效应，甚至可能反弹得更厉害。前面提到的沃尔沃关怀计划是忙碌人群的梦想：一键点击和全盘计费。设想一下，如果它从高端市场扩展到大众市场，并大幅降低价格，消费者对它的需求程度绝对不会输给今天的电子商务或在线视频服务。

以优步（Uber）为例，它的目标不是取代出租车，而是为汽车所有权提供全面替代方案。对于通过点击就能访问服务的用户来说，他们不再需要公共交通："我在洛杉矶的生活就像在纽约一样；优步和来福车（Lyft）就是我的地铁站。"[1]

---

[1] Tim O'Reilly, *What's the Future and Why It's up to Us*, New York, Harper Business, 2017.

功能经济是一条有趣的道路，但如果任由市场对其进行操控，它也许无法成为终极方案。然而，如果与有想法、有决心的监管政策相结合，它可能产生变革性的效果。

追求节俭

要想控制杰文斯效应，除了"使用节俭"之外，别无他法——简而言之，就是减少消费或者更确切地说是转变消费。要控制技术深度，除了被我称为"设计节俭"的这一途径，同样别无他法。这个结论得到了大多数专家的认同。那么，问题来了：我们有多少改进空间？如何实现改进？

第一个问题的答案是乐观的。因为消费领域和其他领域一样，呈现出的社会不平等是巨大的。富人在物质消费中所占的比例是相当大的。接下来，我们假设平均值是有意义的，用 300 甚至 200 个"扬科维奇式的奴隶"代替原先的 600 个，并不会让我们倒退回石器时代。我们的能源消耗量之大、近期增幅之巨，反而让人对这个问题感到乐观，因为这说明我们应该能够在不使自己陷入极简主义的情况下减少能源消耗，尽管有些人梦想实现这种极简，但它很难得到大规模的响应。

Shift Project 研究所倡导的数字节俭并非苦行僧般的节制。它与高额的流量增长是兼容的。2017年，负瓦特协会[①]发表了一篇关于节约能源的有趣论文，并引起了广泛的关注。研究表明，在2017—2050年期间，我们可以通过一系列与个人消费和投资行为有关的措施（增加素食占比、限制家电数量、减少乘坐飞机、优化住房隔热等）将能源消耗降低28%。

[①] 法国负瓦特协会（Néga Watt），由约20位能源问题的专家组成。2017—2050年的情景分析结果请见：www.negawatt.org/scenario-negaWatt-2017。这些建议对法国公民气候公约的工作起到了很大的启发作用。法国环境与能源管理署（ADEME）在其近期的出版物中也加强了对节俭和多样化生活方式的重视，尽管它的主要工作在于提高能源效率（请参阅https://www.ademe.fr/visions-energie-climat-20302050-modes-vie-demain）。值得注意的是，对于法国环境与能源管理局和负瓦特协会来说，采取"节俭"的方式并不是"损害"经济，而是与保增长和稳就业兼容的。

服装就是一个很好的例子。最近，人们意识到时尚产业是全球污染性最强的产业之一（原材料、染料等），而如今已经成为主流的快时尚模式，即不断更新的时尚系列，更是导致资源浪费的罪魁祸首。在全球每年生产的1 000亿件服装中，有20%没有被出售，而且大量的衣物很少得到利用。将衣柜打造得稍微清爽一点，并不会让我们的生活过于惨淡。

在发达社会中，我们已经看到越来越多的人逐渐意识到节俭的重要性。自愿的简朴生活，重新定义何为"必需品"、何为"足够"已不再是边缘话题。然而，这种思考并非在所有社会阶层中都能得到普及，而且与之共存的还有一些矛盾的行为，特别是在城市里的千禧一代中，他们的意识形态并不总是与实际态度相一致[1]。

---

[1] 例如万喜（Vinci）集团旗下智库La Fabrique de la Cité的研究，《千禧世代：城市的传奇？》（Les Millenials : une légende urbaine?），janvier 2017, (www.lafabriquedelacite.com/wp-content/uploads/2018/08/fastcheck_millenials-1.pdf)。

在一部分人群当中，开始出现反对技术的声音和略带激进的替代模式，这也未尝不可作为未来的方向。正如多米尼克·布尔格和克里斯蒂安·阿恩斯贝格[①]所强调的，这种激进主义可能会让温和派失去信心，让多数人感到害怕，但这些人是实现变革的重要力量，否则变革只会局限于边缘实验。受到伊凡·伊里奇（Ivan Illich）的影响，安德烈·高兹（André Gorz）曾捍卫过相当激进的反技术主义观点，但他承认："我们需要调解，需要折中的目标来告诉大家，我们无需立即放弃电视、收音机、大大小小的电脑和旅行等，也可以在减少雇佣劳动、消费和信贷的情况下过上更好的生活。"[②]

---

① Christian Arnsperger et Dominique Bourg, *Écologie intégrale. Pour une société permacirculaire*, op. cit.
② André Gorz, *Éloge du suffisant*, Paris, PUF, 2019, p. 83. 高兹对开源信息技术抱有极为理想化（甚至略显幼稚）的观点，并将黑客视为当代环保英雄。

技术辨别力

如何让大众走上节俭之路?这还有待发掘。采取强制手段或施加配给限制在社会层面是不可能被接受的。若是完全仰仗个人的行为和道德程度,也是远远不够的。我们面临的问题既涉及价值观,也涉及社会组织的"技术性"问题。

这个问题具有高度系统性,因为个人和团体的行为与公共部门、企业、地方、国家和超国家机构、规范和法规,以及物质条件提供的框架密切相关。欧洲有一项研究,评估了90种被认为环保的个人行为所产生的累积影响[1]。结果显示,在欧洲平均水平上,碳足迹减少了四分之一,而四分之一中的四分之一又可以归因于碳进口量的减少。当然,这些数据是有待商榷的,但它们确立了一个数量级。

---

[1] Daniel Moran, Richard Wood et al., « Quantifying the potential for consumer-oriented policy to reduce european and foreign carbon emissions », *Climate Policy*, décembre 2018, pp. 28-38.

最后，对于"设计节俭"而言，其问题可能比"使用节俭"更为复杂。然而，朝着更简单、更适合其功能的产品方向迈进至关重要。我们的目标不是倡导回归过去的低技术生活，而是建立一种"技术辨别力"[借用菲利普·比胡克斯（Philippe Bihouix）的精辟表达①]，使我们无需在极端的技术恐慌主义和盲目接受无节制的创新之间做出抉择。

而要做到这一点，我们首先需要认识到问题的存在，并对目前暂不存在的辩题展开讨论（即使要采取互相咒骂的形式），就像前段时间热议的5G一样。比如，自动驾驶汽车作为物联网发展的核心议题，目前仍是该领域专家的专属话题，我们何时将对它展开辩论？

---

① Philippe Bihouix, *L'Âge des low tech : vers une civilisation techniquement soutenable*, Paris, Seuil, 2014, et *Le bonheur était pour demain. Les rêveries d'un ingénieur solitaire*, Paris, Seuil, 2019.

第三章

以人为本的经济

第三章　以人为本的经济

我确信，只要我们再多吸取一些经验，我们将会以与今天的富人们完全不同的方式利用自然的慷慨，并规划出完全不同的生活方式。

——约翰·梅纳德·凯恩斯[1]

---

[1] 出自约翰·梅纳德·凯恩斯1928年的演讲《我们孙辈的经济前景》（Perspectives économiques pour nos petits-enfants），转引自文集《富足中的贫穷》（*La Pauvreté dans l'abondance*, Paris, Gallimard, 2002）。

如果把经济看作一艘大型邮轮，那么我们不仅需要更换动力系统、改善甲板布局和餐厅菜单，也需要审视游轮的航线和目的地。生态学的主流叙事更关注"如何生产"而不是"生产什么"的问题（当然也有例外）。告别化石燃料占主导的世界将导致某些领域的活力大幅减少，我们难以避免过程中将付出的动荡代价。

我们可以开展哪些新的有利于生态的活动作为补偿？更重要的是，我们要在什么样的社会愿景中引入这些新活动？每个人都意识到必须要发展绿色的汽车和航空工业。确实如此，但是，其实我们需要的是全新的交通产业。更适当的说法是：交通方面的新经济生态[①]。

[①] 皮埃尔·卡拉姆（Pierre Calame）很有趣地使用了合成词"œconomie"来描述这种经济模式，其来源融合了oikos（家庭，公共住所）和nomos（法则）。见Pierre Calame, *Essai sur l'œconomie*, Paris, Charles Léopold Mayer, 2009.

专家们正在想办法让现在的经济活动脱碳。还有人在研究未来的关键技术①，以便让我们在全球竞争中不至于停滞不前。但脱碳和量子计算机的发展都还不足以构成社会层面的项目。我们悬而未决的问题是社会整体愿景。

气候变化的倒计时要求这种愿景必须是实际可行的，它同时也必须是积极且有动员性的。我们先进社会中的消费趋势和生活模式为我们指明了一条道路：以人为中心，聚焦人的能力建设、相互联结的纽带以及让人充分发展的生活环境。于是，我们能够以更加具体和有条理的方式部署一种"以人为本"的经济。

---

① 最新成果，如《让法国成为实现技术突破的经济体》（Faire de la France une économie de rupture technologique），系由伯努瓦·波捷（Benoît Potier）领导的专家组在2020年2月向法国经济和财政部长以及高等教育、研究和创新部长提交的报告。

个人经济

我们仍然生活在 1945 年后开始的大变革的余波中，这种变革在很大程度上是由美国带来的。商品消费的持续增长（人均消费量从 1960 年到 2005 年翻了三倍）和"空闲时间"的增加塑造了一个与法国二战解放前截然不同的社会。辉煌 30 年（Les Trente Glorieuses）[①]让我们进入一种可以被概括为"车库—客厅—厨房"的经济模式[②]。工业发展让我们的家被越来越迷人的物件所填满，它们的生产成本低到难以置信，改变了人们的日常生活。女性劳动者的爆发式增长让社会产

[①] 辉煌30年（Les Trente Glorieuses），指二战结束后，法国在1945年至1975年这段时间的历史。在这30年期间，法国经济快速成长，并且建立了非常发达的社会福利体系。——编者注

[②] 增长基于两大支柱：一是人们生活方式的转变；二是战后重建，重大基础设施的建设、重大国家计划的实行、国防和电信的发展。

生了翻天覆地的变化。几十年过去，人们的消费结构发生了很大的变化。但有一大部分开支仍然受限，首先就是住房开支，从20世纪50年代末期到今天，这笔开销占家庭支出的比重大约翻了三倍，具体情况因地区而异。

另一个受限的项目是交通，由于汽车的发展以及行驶距离的延长，人们的交通支出几乎成了原来的两倍。但在50年代末占家庭支出近40%的食品（这还不算占比很大的家庭自产部分），如今却只占15%左右[1]，再除以2，大致就是花在能源上的开支。设施设备（汽车、电器、家具、电子和信息设备）上的开销相对也在持续下降。

与此同时，我们又观察到了什么现象呢？我们发现，人们在健康、幸福、"高品质"食品、娱乐、安全、交通和教育等方面的支出大幅上涨。

---

[1] 此处讨论的仅是家中的食品开销，而目前在外就餐的比例正在大幅增长。该数据为平均值，根据家庭收入水平不同，食品支出占比的差异性很大，这也是评估贫困程度的一项重要指标。

这些支出有一个共性，就是有关"个人"，有关个人的身体、情感和智能。旧式经济还远不到消亡那一步，但其逐步被我所说的这种以人为本的经济所包围（并被包含），后者越来越直接地触及我们的内在。

这种变化某种程度上被掩盖了，因为其依托于高度社会化的产业部门，家庭在其中的开支通常只能间接体现。作为无可争议的开支增长第一名，卫生健康方面的直接支出在法国仅占家庭支出的3%左右，但如果算上国家财政补贴，支出占比就会超过15%。教育方面的差距更大，家庭支出的份额几乎可以忽略不计（平均为0.3%）。

未来会如何？没有人能保证。但很明显，以人为本的产业部门拥有的发展潜力比依靠物质积累的部门要高得多。几乎所有真正深刻的变革都是这样，我们通常使用的统计方式很难发现那个转折点。因为它和我们已经提到的变革紧密相连，从容易计量的物质经济，转向更难把握的"运用和体验"经济。

以食品为例，我们能看到，食品很大程度上不再只是功能性地提供卡路里和蛋白质，而是逐渐成为构建健康和幸福的广阔拼图中的一块。食品的质量被排在了数量之前。

整体改变

以人为本的经济不是一个要加入其他经济部门的新的经济集合。很明显，当价值创造涉及私人情感而不是个人财产储备时，经济的基本参数会被打乱。在人们的支付意愿大大偏离传统的成本效益型经济体系的情况下，让价值变得客观就成了要解决的问题。

在卫生发生健康危机时，我们集体面临这样一个问题：如何在卫生健康领域，通过其他方面的开支建立起等效（并由此获利）的计划？对集体有效的方案对个人也同样有效。在"车库—客厅—厨房"经济中，主要的增长引擎是比较，或者说得直白一点，是邻里之间的嫉妒。营销大师们早在20世纪20年代就总结了相关理论。通用汽车公司提出的品牌差异化策略就是为了对抗福特汽车公司的著名且独特的车型，这项策略是维持人们消费欲望的有力手段，同时也助长了浪费和掠夺资源型经济。这些老把戏一直都能起效。

私人经济则利用了不同的原动力，包括模仿动力和个体成瘾动力。与数字化紧密联系的平台懂得运用的正是这些动力。历史经验已经表明，人们对于物质积累的欲望非常普遍，但得到的满足感却总是转瞬即逝。然而，人们对于健康或幸福的渴望在本质上是无法被定义的，并没有可预测的限制。

请不要产生歧义。以人为本的经济不是事实上的"人道主义"，它展现出的变化是市场异化的经济最终回到注重人类本质需求的经济。它构建出了一条优势道路，用以发展对人有更多积极价值、更具合作性和生态性、更节约物质资源和能源的经济——这是我的核心论点。

但这些不会自动完成。我们的社会可能会走上满足人们自我实现需求的享乐主义道路，也可能会加强阿马蒂亚·森（Amartya Sen）所普及的那些"能力"——获得教育和健康、实现个人安全和财产安全、通过交通运输向世界敞开大门的能力①，它们能让个性化更具竞争性，又或是强化个人和集体之间的联系和合作。它们可能增加或减少了不平等。

由于边界模糊，文娱领域完美地展现出了这种矛盾性。从"可用的大脑时间"②到有知识、负责任的个体的塑造，其中存在的各种可能性并不依赖于任何命运、技术或是其他东西。数据经济正是这种矛盾性的核心。比如，对健康和身体

---

① Amartya Sen, *Éthique et Économie, et autres essais,* Paris, PUF, 2012.
② 出自TF1（法国电视频道）集团执行主席帕特里克·勒·莱（Patrick Le Lay）所说的"我们卖给可口可乐的是可用的大脑时间"，意思是他经营的电视频道抓住了观众的注意力，并将其卖给了广告商。——编者注

的数字化既是医学领域的重大进展,也是最令人担心的"老大哥"①项目。

个人经济需要集体

重定向于个人的经济存在着一个很大的悖论,那就是它比传统商品经济更需要集体层面的支持。洗衣机市场就是在工厂和家庭个体之间组建起来的(情况也有可能会变化,比如对于属于服务型经济的洗衣机租赁来说,这就是另一回事了)。

健康的市场必须具备集体性质,要有发达的、宏观社会化的基础设施和地方联络网。以人为本的经济越是要满足独特和多样的期待,就越要创建复杂的系统和网络。物质经济的市场过去是(现

---

① 乔治·奥威尔小说《1984》中的虚构人物,用来描述危害公民隐私和自由的机构或做法。——编者注

在也是）在并立的个体孤岛中组织推广起来的，这类市场逐步纳入有区分性的元素，朝着所谓"大规模定制"的方向发展，如定制汽车、定制窗户、带有地方特色的麦当劳等。

这种区分还很肤浅。我们会发现健康的个性化理念——医学的巨大挑战之一——是更加强大有力的。特别是，如果我们真正注重个体的健康，就需要一种集体化组织，而不仅仅依靠增加患者和医生之间的沟通。个体的健康需要依靠系统性视角，在确定的空间中有多样的、有特点的参与者。

我们越是想从以医疗为中心转换到以个体（可以是患者，也可以不是）为中心，就越需要这种集体性手段。在交通方面，主要的变化并不在于车辆变成电动的或自动驾驶的，而在于将交通的组织当作一个整体。在食品方面，向个体经济的转型让集体性质显得越发重要，从人们开始关注产品的产地、短距离运输、加入法国农民农业维护协会等方面就能体现。

以人为本的经济在集体性方面仍然有很大的发展空间，其中蕴藏着创造价值、活动和岗位的巨大潜力。善于利用联通性和数据共享的数字技术在这方面能发挥得天独厚的优势。

再以交通举例。问题的关键不在于车辆，而在于能满足多样化需求的系统，其中要涵盖多种运行模式：私家车、出租车、自动驾驶汽车、载客量不同的公共交通、低碳交通等。在人口较少的地区，不会开车的老人、居住地远离学校和商业区的带孩子的父母、第一次找工作的年轻人等各类人群对交通的需求是不同的。在人口稠密的地区，考虑到世界上大多数大城市的基础设施建设格局，在物理上就已经不再可能继续发展目前的交通模式——何况那对于环保事业来说也是灾难。未来的出路在于协调各种模式，在时间和空间上做到供需精细匹配，因此，更要大力发展共享交通，这是唯一真正避免堵塞的方法。这一切都需要新的基础设施、新的硬件软件和标准。

但是，如果我们把转向个人经济的过程当作一个复杂信息系统的问题，那也是错的。这种转型实际上也是恢复和发展"关系经济"、贸易交流和真正的团结的机会[1]。以人为本的经济创造价值的潜力最终落脚在我们能够为彼此拓展的服务上（不管是不是商业性质的服务）。我们所讨论的这种经济的一个特点是，它从现在起就可以提供大量各层次的门槛不同的就业岗位，从尖端高科技领域到身边的个人服务行业应有尽有（我之所以说任职的"门槛"而不是"专业资格"，是因为从专业资格角度来看，很难理解为什么养老院的护理人员的资格要低于银行职员或工程师，虽然后两者的工资要高得多，但前者的工作复杂程度一点也不低）。

这种经济的另一个特点是，它能够促成直接的人际关系，创造出与其他社会阶层发生联系的

---

[1] Pascale Molinier, *Le Travail du care*, Paris, La Dispute, 2013.

机会，这在如今的"群岛型社会"中是越来越罕见的。有许多人借着淘汰过时工业生产力的名义，正想要用机械或者机器人取代这些做护理或者创造联系的工作岗位。

我们应该做的与此恰恰相反，不要再盯着宏观经济上下降的"生产力"数值了。卫生健康危机似乎在此层面激起了公共舆论声浪，真希望这种讨论的持续时间能长一些。

正如之前所言，制造业在未来不会再提供大量就业岗位。因此，社会发展以人为本的经济并依靠其提供岗位就变得尤为关键。

从信息系统以及关系经济这两个角度来看，地方这个维度很重要。首先，我们要靠地方在不同层面构建合适的参考系，以便发掘新的问题解决方案。在涉及人们的具体需求时，问题和解决方案很大程度上是因地制宜的。其次，地方还能作为探索解决方案可行性的本地"试验田"，等待解决方案一同成熟。最后，地方能为关系经济的发展提供人际关系的基础。个人、系统/关系、地方——以下就是这三者构成的三角形关系结构。

新的生产基础：健康、食品、
交通、教育、休闲，等等

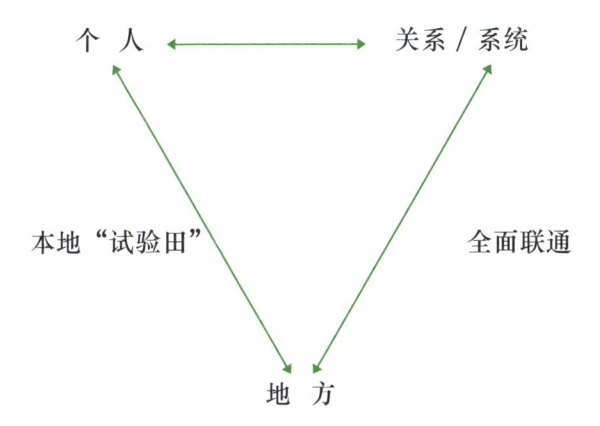

个　人 ←——→ 关系 / 系统

本地"试验田"　　　　　全面联通

地　方

健康：进步的余地还很大

我们来详细谈谈健康方面的事，这是以人为本的经济的核心。据安格斯·迪顿（Angus Deaton）描述，在一个世纪内，富裕国家的人均预期寿命增加了30岁，这使得不同国家和社会集体之间产生了巨大的差距[①]。我们出生在疫苗和青霉素发明后的世界，在这个时代任何可避免的和不可避免的死亡都算是丑闻。新冠肺炎疫情大流行以相当惊人的方式标志了重要的转折点：我们在历史上首次确认健康的优先级在经济之前。

但健康不仅仅局限于治疗和药物，预防疾病（在法国比治疗疾病的发展水平低得多）和健康

---

① Angus Deaton, *La Grande Évasion. Santé, richesse et origine des inégalités*, Paris, PUF, 2016.

生活也是重要的组成部分。过去数十年，我们见证了"幸福"宇宙大爆发，真真假假的健身专家增多了。食品逐渐从补充营养的功能性物质变成了助人享乐或令人焦虑的保持健康的一环。

最后，还有广阔的"环境健康"领域，我们呼吸的空气、喝的水都在这个范畴内。据我所知，没有人真正测算过这一领域的就业规模和附加值。让·维亚尔（Jean Viard）估计，有40%的就业岗位直接或间接涉及照顾他人身体，这个比例很高，但似乎是合理的。

我们自动把卫生健康当作公共政策的一个特殊领域，把它当作公共服务和"共同利益"（因为一些人的健康会影响另一些人，新冠肺炎疫情大流行有力地证明了这一点）。我们看见的是卫生健康领域产生了大量支出，这些支出主要由纳税人和社保参保人承担了。但奇怪的是，我们很少将其看作直接创造价值的源头，或是社会、经济和技术的发展要素。我们会把汽车组装当作价值创造，但把一场心脏移植手术或者养老院里的演出仅仅当成成本付出。

此外，我们仍然将健康领域视为人们与各类专业人士发生双边联系活动的总和。而正如我之前所概述的，在"个体—系统"基础上构建的新概念将产生大量新的可能性。我们常常谈论"以患者为中心"的方法，谈论人们对自身健康状况的积极反应。但是，在实践中的情况又是如何呢？

卫生健康方面的集体结构现在仍然严重不完整并且低效。例如，"综合护理体系"是很多实验研究的课题，但在医疗系统内工作过的人都清楚其组织架构分散且割裂，即使在同一个医院体系中也是如此。在法国国民健康保险基金重启进程之后，"共享医疗档案"项目在加速推进，但我们要走的路还很长[①]。至于疾病预防，不管是在跟踪筛查方面，还是在饮食和生活方式层面，

[①] "共享医疗档案"是法国全国儿童健康记录信息系统，于2004年推出，部署十分缓慢，但近期有所加速，2019年有600万人开通了DMP账户。

疾病预防的重要性都一直被低估，这也解释了在法国被严重诟病的健康不平等问题的成因。

数字化工具在健康领域的应用显然有着广阔的前景。它在医学成像领域带来了革命性变化，在虚拟应用（"数字孪生"技术）、远程医疗、个性化跟踪等方面也开辟了诱人的前景。但我们必须要分清某些预言家夸张的说法和实际不那么理想的现实情况。不管在欧洲还是美洲[1]，医疗卫生行业都在加入信息化行列。在无数相关方之间，或存在或不存在的关系网是这一项目的主题。

我们在卫生健康危机时期可以清楚地看到，各种要素（城市和医院、公立和私立、治疗和预防、研究和临床）之间的关系结构都还有很大的进步空间。

---

[1] 欧洲的一些小国，如丹麦和爱沙尼亚在这方面非常先进。印度也有出色的信息化系统，但只限定一部分人群能使用。

卫生健康行业是超级工业基地

卫生健康领域的一大优势是提供了规模庞大的工作岗位,而且还是能够称为"职业"的岗位(简单来说,"职业"就是可以向孩子解释的工作)。即使其中最不起眼的职业也是有意义的,而且这些职业通常给人很大的自主权——指有行动能力,而不是指没有约束。这就是能动员起年轻一代的主要优势。

卫生健康行业是一个"工业"部门,其规模怎么估计都不为过。当达索系统软件公司(Dassault Systèmes)的战略总监帕斯卡尔·达洛(Pascal Daloz)被问及该公司优先发展卫生健康领域的情况时,他冷静地回答:"全球制造业产值30万亿美元,而卫生健康产业有40万亿美元。"① 在通常的狭义定义里，卫生健康行业有两个主要分支。

大家都知道制药业，其在历史上起源于化学，如今加入了生物技术——也就是利用生物体生产有用的物质，如胰岛素。这一产业集中度很低，即使在制药业占据强大政治地位并由此产生医疗卫生成本高昂等问题的美国，情况也是如此。制药业要求很高的研发成本和很长的研发周期（开发一种新药需要数以十亿计的欧元或美元），而其回报则似乎呈现结构性下降。因此，资产管理就成了战略的核心。

为了控制风险，该行业越来越依赖其在园区内收购的初创企业，以及公共研究机构。制药业和信息技术行业的情况一样，只有在公共资源直接或间接的大规模支持的情况下才会出现私有投

---

① https://hiboo.expert/video/dassault-systemes-interview-strategique-avec-pascal-daloz-cfo-et-dga-du-groupe/

资。同时，该行业还和国家需求密切相关，因为对药物的需求很大程度和社会相关，药品价格不是在开放市场中确定的，而是要与国家和监管机构经过复杂的谈判后才能确定。正如我们在新冠危机中意识到的那样，价值链极其复杂，分支众多，因此也很脆弱[1]。

人们对于卫生健康行业的另一个主要分支的了解就要少得多了，但其在就业规模上也不遑多让：这就是医疗设备行业，其中包含了各类用品，小到手术刀，大到核磁共振设备，假肢、轮椅、口罩、呼吸机都在该行业范围内[2]。这一行业的规模还在迅速扩大。在法国，该行业的集中化程

---

[1] 在制药过程中，人们会将活性成分和非活性成分（类似于糖衣）区分开。目前行业主要的成本集中在研发、营销和市场投放上。法国制药业在2018年的产值约为540亿欧元（其中一半来自出口），提供了约10万个工作岗位。

[2] 产值为280亿欧元，其中80亿为出口，提供了85 000个工作岗位。

度很低[①]，远远落后于德国，德国从事医疗设备行业的人数达到20万，还有像世界手术器械中心图特林根[②]这样的产业集中城市。我们也比不上丹麦，其依靠积极主动且结构化的政策，已经成为世界医疗设备行业的重要一极[③]。

欧洲的工业巨头只有西门子和飞利浦。法国在20世纪80年代曾拥有一家在成像领域的顶尖公司（法国C.G.R.公司），但很遗憾的是，其在1987年被汤姆逊公司转让给了美国通用电气公司。

当我们分析产业格局时，有两点值得强调：

（1）超级工业的转型仍然很谨慎。我们是

---

① 由大量的中小型企业，甚至微型企业构成，也有一些优秀的中型企业，比如位于圣埃蒂安的途安（Thuasne），其主要生产保健器械，以及位于肖蒙和诺让的金属假体生产集群，这些集群共提供了2 000个岗位。
② 德国西南部小城市。——译者注
③ 丹麦的医疗卫生门户网站（https://www.healthcaredenmark.dk）展示了丹麦的疾病治疗和预防体系，以及丹麦卫生健康产业在出口方面的优势。

在朝服务以及"商品—服务"合一的方向转型，但规模有限（制药业无权直接接触终端用户，但业界已经明白行业未来在于采用服务模式）。和交通行业的情况一样，外部企业在寻求占领行业中用户经济的市场空隙。上面提到的西门子和飞利浦两家企业建立了健康数据平台。法国液化空气集团不再仅是供应医用气体，而是增加了对家庭甚至医院中的慢性病患者的服务。

（2）卫生健康领域创新的混合性不断增强，其中混合了不同类型的多种技术（材料、数字、生物）。只要研究人员和临床人员能够合作并愿意走出实验室，这些技术都可以成为巨大的行业进步源泉。在世界范围内，生命科学和工程科学的融合可能会和环保问题一起，成为未来数十年最强大的创新驱动力。在科学的交汇处有很多新的研究领域：成像技术、虚拟技术、机器人技术、生物信息学、新材料科学、仿生学、合成生物学等。几十年前它们之间的联系还很弱，现在则不同了。世界上的一些知名大学已经建立了开展这类交叉研究的机构，例如斯坦福大学的生物交叉学科机构（Bio-X）。法国还在等什么？

最后要谈的是，我们在地方层面可能显得有些矛盾。一方面，在科学研究和大型基础工业方面，我们当然是站在全球化的世界层面；但另一方面，当我们回到个人层面上时，地方的重要性就凸显出来了[1]。健康不平等问题也有着明显的地域特征。法国当前的主流模式是地方根据本地的情况实施国家政策。但将卫生健康作为地区发展的重要基础的构想还远未能普遍实现。

在许多法国城市，医院和卫生健康机构的从业者众多。但很少有地方将卫生健康行业视作生产基础不可或缺的一部分以及社会、经济、技术发展的矩阵。一些国家，如丹麦，已经向我们指明了道路。在法国，我们可以举出斯特拉斯堡的

---

[1] 在法国，社会不平等（如平均期望寿命方面）惊人地严重，但当我们想要中和地区社会结构对平等的作用时，地方仍然有一些残余的影响，尤其是北部地区。

案例，该城市与内陆地区合作开展了一项有关健康的系统发展项目①。

法国和欧洲的未来轨迹

个人经济的发展和以人为本的生产基础的崛起是一种深层次的趋势，无论公共政策如何，它们终将出现。问题是我们是否将其视为未来的一种可能的战略，我们是否能组织起相应的行动。新冠肺炎疫情向我们揭示了法国在大型产品——如飞机和汽车制造领域中的地位是脆弱的。大规模并坚定地投资以人为本的经济也许不会成为灵丹妙药，但它可以为我们确定方向并找到新的动力。

以人为本的经济首先具有生态性：它是一种消耗物质较少的经济，因为它主要是围绕地区化

---

① 指法国地区创新框架内的"明日健康地区"（Territoire de santé de demain）项目。

的相互服务进行组织的。它也具有地缘经济性和地缘政治性。地方发明或试验出的解决方案可能成为扩大和出口的新基础。利用旧金山一家创业公司的服务来管理法国本地特有的交通配套设施显然是不合逻辑的,出于这个原因,一些观察者认为优步由于没有针对不同区域提供区别性技术支持,其统治地位可能无法持久。

要知道,现如今美国和中国的大型互联网平台都将健康、教育、安全和食品作为优先发展的领域。如果我们想让欧洲重新获得一席之地,我们就必须认清事实。如果我们可以将个人需求与以生态及社会价值观为核心的高效集体系统进行创新组合,那么这既可以作为内部增长的推动力,也可以作为在全球竞争中的影响力基础。丹麦在卫生健康领域取得的成功,也可能在法国部分地区、全国甚至整个欧洲复现。

最后,以人为本的经济还有社会和政治上的作用。我们要充分认识到能创造联系的岗位的巨大价值,并将其作为新的经济基石来发展。以人为本的经济还能广泛地创造服务行业的中产阶级，来接替工业领域的熟练工，而不是让这些服务性工作在动荡中沉沦，或无希望地停留在令人消沉的官僚主义行政迷局之中。

当然，这一切会加强经济的社会化程度，并使它成为公有和私有部门相互交织的"混合经济"。说到这里，我几乎可以听到自由主义者的尖叫声。确实，这种转变将带来许多棘手的问题。将卫生健康或教育从成本栏移到价值创造栏，这说起来容易做起来难。然而，我们若是在压力下对卫生健康或教育支出重新进行融资，在不顾未来的情况下对它们进行"合理化"，就无异于为平台私有化扫清道路。与之相比，推进上面提出的重大变革则显得更有远见。

第四章 靠地方来拯救？

第四章 靠地方来拯救?

如果由市长管理世界会怎样呢[①]?在欧美,不少人认为这样会使事情向好的方向发展。在国家驻足(或徘徊)不前的情况下,城市和地区的行动即便微小,也仿佛是摆脱这种无力局面的唯一手段。

---

① Benjamin Barber, *Et si les maires gouvernaient le monde ? Décadence des États, grandeur des villes*, Paris, Rue de l'Échiquier, 2015.

气候变化的挑战极其复杂，人们并没有明确的解决方案。因此，相比于以国家集权方式寻找解法、确定道路的旧模式，以分散方式开展大量试点项目显得更加合理。城市和地区的治理者在面对本地的现实问题时，不太会像国家那样倾向于独自处理并把问题分解到各个部门。事实上，法国就像其邻国一样，充满各类将生态、数字化、社会共享经济、市场经济、高科技或低科技相结合的倡议。这样丰富的创造力与国家层面的萧条以及国家不愿转型的宏大但低效的"整体规划"形成了鲜明对比[①]。

这类项目会由大大小小的公共机构组织实施，而且越来越多体制外的团体和个人也参与进

---

① 这些倡议汇集在多个论坛和网站。例如，在2020年9月17日，一个名叫"从地方开始"的论坛汇聚了瓦朗斯-罗芒（Valence-Romans）地区的两千余名注册会员，讨论的主题包括："我们每个人都可以行动起来改变居住环境""慈善和利他主义是地区发展的动力""为地区的自给自足而努力""重塑城市和其用途"。

来，地方当局尚不知该如何组织他们。对于这类革新者而言，地方可以且必须发挥主要作用，不仅在适应气候变化的政策方面（这类政策将会造成多种多样的影响），在积极的转型政策方面也是如此。

生产、消费、回收等方面的近距离问题是无可争议的热点，生态和本地性之间的联系假说已经广受认同。达能的老板表示，对于现在的普通消费者来说，产品产自当地比得到"有机"的认证更重要[1]。一次次民调显示，本地及邻近地区的价值在升高。之前几次市政选举的关键词是"乡村精神"，哪怕在大都市的中心地区也不例外。

我们应该怎么认识这种新地方主义呢？让我们先把这个问题记录下来，请注意，地方和生态问题的联系是复杂且多样的，在下一章中，我们还会讨论有关地方的社会和政治层面的问题。

---

[1] Emmanuel Faber, « Danone veut être le plus local des géants de l'alimentation », *Les Échos*, 19 février 2019.

产业回迁

当人们发现，不论是非常普遍的药物（如对乙酰氨基酚）还是重点药物（如一些抗癌药），抑或是口罩以及新冠检测用品，我们都很依赖中国制造商——尤其是那些位于内蒙古的大型药企分包商的时候，舆论感到震惊[1]。2020年4月的一次调查显示，九成法国人希望国家支持制造企业重返法国的土地，即使这样会使产品价格上涨[2]。

实际上，问题并不在于让那些带着技术和行李离开的企业迁回本国，而是在于掌握全球价值链。后者近30年来，在大大小小的跨国企业的

---

[1] 业界已经提前做出了反应。参见药学科学院（Académie de pharmacie）内容详实的报告《药物的缺失》（Indisponibilité des médicaments），2018年6月20日。

[2] 见调查机构Odoxa-Confluence为《回声报》做的调查《法国人将回迁作为后危机时代的优先事项》（Les Français font de la relocalisation la priorité de l'après-crise），发表于2020年4月14日。

支持下，通过连接数十以至数百的节点（设计、制造、测试、装配、分销），重新分配了全球的产业。如今的产品是"世界制造"，像积木一样由世界各地生产和拼装起来。这种潮流以投资和贸易自由化为基础，据估计，70%的全球贸易可以归入这些链条中。如今的问题是，过度的全球化会有怎样的未来。问题主要出现在三个方面：生态、产业和地缘政治。

"世界制造"破坏生态的问题是老生常谈。依靠大型集装箱货轮开展的大规模海运是全球化的主要支柱，承载了90%的远距离重型运输。海运排放了不少温室气体（占全球排放量的2%至3%），但考虑到其运输规模大，这样的占比其实很小，按单个产品的排放量计算，其排放量远低于陆路运输以及航空运输。因此，与普遍看法相反，海上长距离运输货物并不是什么重点问题。如果生产者和消费者都很高尚，聚居在港口附近，并且通过使用清洁燃料的船只运送货物的话，这个星球甚至会非常环保！当然，我们离这种状态还很远。

海洋运输业虽然已经逐渐认识到自己需要转型，但从社会和环境角度看，其受到的监管仍然远远不足①。海运仍会使用严重破坏环境的含硫燃料，在港口造成令人难以容忍的污染。人们正在设想突破性的解决方案（短距离使用电池供能，长距离使用氢能）②，但现在问题的核心在于，我们其实是把排放和污染转移到了不那么在意的国家。

如果我们不仅计算本国领土上的碳排放，还考虑进口消费中包含的碳排放的话，欧洲人在碳足迹方面的比较优势就并不那么明显了。一国的经济中服务业占比越大，这种不匹配就越明显。英国是世界范围内本土碳排放和含消费碳排放差

---

① Jose Maria Larocca, « Time for a carbon levy on shipping fuel », *Financial Times*, 25 septembre 2020. 法国达飞海运集团站在集装箱货轮的环保改革的前沿。

② Chris Goodall, *What We Need to Do Now*, Londres, Profile Books, 2020. 航空货运的部分也不容忽视。但在大部分情况下，航空运输的货物是与人同乘的。因此航空运输的脱碳挑战也是整个航空业的挑战，这是所有挑战中最难的一项。

距最大（40%）的国家。法国的"进口"碳排放主要来源于进口农产品和建筑材料，其排放量自2020年起已超过本土排放量①。

环保问题上的低成本也是推动全球产业转移的因素之一。没有人会公开承认这一点，但药企分包商坐落在亚洲这一事实并非毫不相干。我们是时候通过进一步规范贸易规则来摆脱这种局面了。一些法国禁止的产品会合法地出现在进口商品中（如阿特拉津②）。人们优先考虑的解决方式是对进口到欧盟的商品征收碳税。最后，我们也不要忘记那些间接的负面影响（如热带雨林被砍伐），其来源于市场全球化带来的专业化分工，在农业、食品和能源领域尤为明显。

---

① 见法国气候问题高级委员会（Haut Conseil pour le climat）的报告，« Maîtriser l'empreinte carbone de la France », 6 octobre 2020，基于Paul Maillet, « La contribution des émissions importées à l'empreinte carbone de la France », *OFCE*, mai 2020.
② Atrazine，又译莠去津，一种用于除草的化合物。——译者注

适度和规范的全球化

第二个问题出现在技术产业方面。当前的全球产业链基于我们可以将任何生产阶段在地域上分离的理念。在法国，经常有研发机构被保留而工厂被迁走的情况（可能出于社会或环保的原因，也可能是为了靠近消费市场）。无制造业（fabless）的构想已经广为流传，一些经济学家到如今仍为其辩护，理由是制造阶段的自动化程度越来越高，在增加整体附加值方面的贡献很小。

但这种构想是错误的。超级产业需要的是制造业和其他部门的近距离持续交流。研究需要在工厂中测试成果。客户和分包商需要在各个阶段建立便利的连接。因此，新兴的经济倾向于在本地化的生态系统中进行自身建构。老式的国际分工方案（可以简单理解为一些国家提出想法，一些国家执行）被多功能地域方案所取代，后者汇集了多样的人员，将设计、执行和测试结合在互联的网络中。我们将会见到上一章提到的本地"试验田"的结构。

第三个要讨论的问题是地缘政治，这个主题很宽泛。要知道我们并不像想象中那样要在两者中做出选择：其一是"公平的竞技场"，国家在其中仅仅扮演便利商贸的角色；其二则是被唾弃的保护主义。对欧洲国家来说，我们需要在全球化过程中保持一种核心作用。

这种作用并不是发展一种新重商主义——尽可能吸引和留住国际上流动的资源和岗位，也不是维护欧洲长久以来尊崇的仿佛神圣的市场竞争。首先，我们要发展的是互惠模式。为什么我们不向外国投资者对等地提出他们对我们的要求（工作岗位、本地附加值）呢？

尤其重要的是，我们要建立明确的监管架构，让国民知道市场自由竞争不会夺走他们喜爱的东西①。美国经济学家丹尼·罗德里克很早就提出，如果我们真想让"超级全球化"和民主相协调，就需要全球治理②。我们离此还有太远的路，于是唯一现实的选择就是适度的全球化，为国家（和欧洲）保留民主和决策的空间。

相互依赖

"我们应当减少对价值链的依赖吗？"对于这个简单的问题，回答也同样简单："当然是的。"这个回答并不仅仅针对那些连定义都很模糊的所谓的"战略"商品。法国仅有三分之一的产品是"法国制造"，这太少了。另外三分之二的流通商品

---

① David Djaïz, *Slow Démocratie. Comment maîtriser la mondialisation et reprendre notre destin en main*, Paris, Allary Éditions, 2019.
② Dani Rodrik, *Nations et Mondialisation. Les stratégies nationales de développement dans un monde globalisé*, Paris, La Découverte, 2008.

主要从欧盟国家进口，超过从中国进口的数量。然而，类似赛博（SEB）这样的家电制造商时刻都在证明，在法国本土，以有竞争力的成本生产商品是有可能的。我们自然需要重新迁回工厂，但目标不仅仅要放在防守上，更应该立足于发展新产业、创建生产基地。

我们还要知道，对产业的大规模回迁抱有一种简单而浪漫的看法，甚至认为我们可以以此自给自足是不切实际的。即使是在非常积极的情况下，我们也很难在一个国家内集齐产品或服务所需的各组件或人力，将范围扩大到整个欧洲会更加合理。即使在欧盟范畴，也仍有严重的产业依赖，如微电子行业。我们必须要优先填补这种共同战略缺陷。

我们严重低估了隐藏在生活方式之下的相互依赖关系。这些依赖有的是产业性和技术性的，第一章中提到的全球化导致了"技术深度"的增加，因而产生了这些依赖；还有的是科学、文化和人类学层面的：在当今的全球化模式中，人口、专家和研究者的流动与资本流动一样重要。谁能从局限于国家或地区内部的技能、思想和人才的流动中获益呢？

美国很清楚这个问题的答案，美国的大学和企业收获了大量来自其他地区（尤其是亚洲）并对国家至关重要的智慧和能量。英国脱欧后，在这方面无疑也会表现得十分激进。欧盟和法国也无意退缩：我们应当要提升自身的影响力和接纳他人的能力，特别是在大学招生和教师招聘方面采用开放政策。新冠危机已经说明了：关门的反应是符合人性使然的，但有时却会适得其反。面对气候、生物多样性和卫生健康等方面的全球性问题，人们只有加强国际合作才有机会摆脱困境。

全球化的新阶段

我们所批评的全球化已经成为历史。早在当下的危机开始、欧洲转向更明确的地缘政治之前，新的形式就已经开始萌芽了。在2008—2009年金融危机时，一些经济学家观察到国际贸易与各国国内生产总值的增长脱节了，他们因此提及了"去全球化"的概念。但他们的言论为时过早，世界各国对贸易的开放程度并没有多少不同①。

但世界贸易显然已经围绕着三个中心产生了"区域化"特征，这三个中心分别是亚洲工厂、（以德国为中心运行的）欧洲工厂、北美工厂，其中中国保有全球贸易体系枢纽的特殊地位。另外，随着地缘政治在经济领域强势回归，以及双边和区域间协议增加导致的多边协议模式衰落，全球环境发生了翻天覆地的变化。企业意识到，自己今后需要在制定全球目标的同时，也要适应国家和本地更加多样化和灵活的政策。新的架构似乎

---

① 对外贸易的增加值数据可以在经合组织（OECD）的TIVA数据库中找到。关于产业相互依赖的详细分析，参见Richard Baldwin et Rebecca Freeman, « Supply chain contagion waves », 1er avril 2020, 可从 https://voxeu.org 下载。

正在形成，而危机加速了这一过程。多亏了"数字孪生"技术，在未来，产业需要的组件很可能不必再从远处运输过来，而是在本地以低廉的成本复制出来。

集中化生产主要依靠数据实现。产品可以在买方的附近定制并生产，由于人工智能的发展，劳动密集型产业可以重回发达国家。一切都会朝着减少消耗能源和原材料的方向发展。但同时，我们也要知道，这个消息对我们来说是好消息，但对于孟加拉国等发展中国家来说却是坏消息。我们正在脱离旧的生产阶段，生产模式将会更多样而不是更单一。因此，这并不意味着跨国公司的末日将会降临。

相反，生产的各个过程中的参与者将会更多元，更多样化的经济、管理和社会模式将并行不悖。不仅服务器群组之类的巨型机器将远离人口中心区，大型工厂也会减少，取而代之的是糅合了概念设计、原型开发、制造、客户定制和个性化服务的小型或微型组织机构。这些组织会重新回到城市中心，与城市的居住环境以及其他城市功能建立新的联系。

再地方化的核心能量

如果说制造业还有可能在地方、国家和全球形成多种组合形式，能源行业（电力、供暖和供冷行业）的重塑显然更偏重地方上的混合[①]。能源行业现在讲究三化：脱碳化、数字化、去中心化。

欧洲的这种地方性特征已经铭刻于历史中，在生产和分配能源方面，欧洲国家普遍采用"市镇集团"的模式。德国的700余家市政公共机构生产和分配了全国60%的电力，热力部门更甚。法国的情况则不同，法国的电力系统有集中化的历史传统，市政部门享有特许权。特许权制度虽

---

① 本段很大程度要归功于Cyril Roger-Lacan。

然在过去一段时间内经历了显著的衰落，但如今又再次兴起。电力的去中心化自然与可再生能源（风能、太阳能）的崛起紧密相关，这依赖于地区的自然资源，但可惜的是这些资源具有间歇性。

德国和北欧的市政府以及本地投资者最初大量投资可再生能源时，出现了将间歇性的成本转嫁给使用者，将困难转嫁给电网运营商的情况。如今，新投资的项目必须要自己承担市场风险。法国由于核电发达，90%的电是无碳的，因此法国在可再生能源方面的投入要少得多，但目前也正在快速增长。

再地方化的问题不仅限于电力，首先要考虑的是对供热和供冷的需求，这占了能源需求的近一半（是电力的两倍），同时也是推动法国地方脱碳的鲜为人知的主要杠杆。利用新一代可再生能源（主要是地热能）网络开展集团化生产是一条捷径。而在供冷方面，不断增长的需求对于法国和全世界都是很大的问题，我们必须尽一切手段避免家用空调的普及。

能源正处在多种区域功能的交会处，我们需要以系统性的视野，做好能源与交通（如对汽车电池的管理）、城市规划、供水、垃圾处理等方面的配合，显然各个地区应当采用的视角是不同的。米卢斯①、蒙彼利埃②、哥本哈根和马德里的情况是不一样的，相应的解决方案也就不同。

请注意：地方能源的形式和规模是多种多样的，可能是社区微电网、海岛微电网等（在丹麦很常见，在法国仍处于萌芽阶段），也可能是其他更大规模的集体。法国的旺代省由省级能源设施联合会出面，通过团结协作和生产可再生能源等方式开展了一系列开创性行动，如推广电动汽车和公共照明等。

在另一个层面，人们也在大型工业项目中想办法解决风能的间歇性问题。荷兰输电系统运营

---

① 法国东部城市。——译者注
② 法国南部城市。——译者注

商（TenneT）就没有采用增加海上风电场的方式，因为这类单独接入国家电网的风场会增加成本，降低系统效率。运营商给出的方案是，以北海上的人工岛作为枢纽，以最优方式将电力输送到邻国。石油公司也可以与这些大型项目合作，寻找放弃化石能源后的新出路[1]。总之，各地有各地的办法。

偏爱近距离

新地方主义在主要的生态问题与邻近性（吃饭、生产、消费、回收、创造等方面）之间假设了一种不言而喻的联系。但这一观点是有待质疑的，我们以食品业的一个标志性案例来说明。

---

[1] 参见前文引用，Chris Goodall, *What We Need to Do Now*。

食品企业已经意识到，对于现在的消费者而言，食品的原材料由本地生产这一点至关重要。本地生产商和小品牌已经撼动了进驻的大型品牌的地位，后者正通过各种形式下沉，以便赶上目前的潮流。例如，达能公司2019年依靠本土品牌拿到了全年58%的营业额①。"本地食材主义"的影响力正在扩大。

事实上，如果我们冷静理性地来为这种"本地性"算一笔账的话，我们会发现很多与我们的直觉相反的意外现象②。交通是成本中最可见的部分，因此人们总是容易高估交通消耗的能源和环境成本。事实上，在食品行业，成本最高的项目却是生产、存储以及备菜。

因此，大规模运输在良好环境中（有充足阳

---

① 参见前文已引用过的对埃马纽埃尔·法贝尔（Emmanuel Faber）的采访。
② Stephen Budiansky, « Math lessons for locavores », *The New York Times*, 19 août 2010.

光和水源)生长的优质蔬果并不是什么异端邪说。如果要进一步争辩,我们甚至可以认为,大规模运输是比本地的小卡车往返运输要更有优势的。说到这里,我们能看出,与其用冷冰冰的财务计算证明近距离能降低成本,不如说它起到的更多是一种社交和融合邻里的作用。

请别误会我的意思,我毫无保留地支持振兴地方的高质量农业,但如果要将本地优先作为一项绝对原则,就值得商榷了。我们不要忘记,从能源和生态的角度来看,饮食结构的改变(尽可能减少食用肉类)才是能带来决定性影响的因素[1]。

本地产品的增值现象不仅限于食品行业。所有的调查都证实了消费者对于本地产品的偏好,因为本地生产隐含着对环境负责的意味[2]。当然,

---

[1] 比尔·盖茨在自己的博客中贴满了令人震撼的相关图片,他指出,如果全世界的牛建立一个国家,那将是世界第三大温室气体排放国,排放量低于美国,但远高于印度。

[2] 见研究机构Obsoco(社会与消费观察站)的研究成果,网址:www.obsoco.com。

可能也会有人反驳说："这种地方主义通常都是口头说说而不是实际行动，现实中的消费在很大程度上与该理论不符，尤其是对于城市里的波波族①而言。"

我们也可以注意到，在各行各业中，对时间的追求不亚于对空间的追求。但如果过度追求生产和物流的反应速度，不停地生产出一件又一件的商品，就对环境尤为不利：快时尚行业虽然常常以其供应商的本地性为噱头，但它正是一个需要引以为戒的反例。

最后，我们如果还坚持进行数字层面的计算，那就错了。本地性问题首先是一个社会问题或社会学问题。它的主旨是在一个已经变得抽象和没有个性的世界中重新建立起具体的联系。

---

① 波波族（Bobo），指拥有较高学历，收入丰厚，同时讲究生活品位、崇尚自由开放的一类人。——译者注

第五章 本地性和相互依赖

第五章 本地性和相互依赖

对于本地增值这一现象的讨论，不能被简化为技术方面的争议，因为这种现象是和一种规模更大、范围更广、更为复杂的文化运动紧密相关的。我们在其中自然可以找到主张退缩的旧观点，但与之相对的是，也有越来越多的人——主要是年轻人——希望重新掌控人生的道路，摆脱禁锢他们的那些大型组织的逻辑和竞争白热化的大都市生活模式。

投身生态、自己动手，朴实无华但实实在在——这就是他们期望的生活方式。在这种本地增值的基础之上，人们形成了对于城市，尤其是对大城市（有时会被认为是万恶之源）的新态度。以布鲁诺·拉图尔为代表的一些人认为，地方层面的行动能让遥远模糊的问题变得具体可感，这对于变革是不可替代的力量[1]。

但是，本地的单边增值可能会导致问题的出现，让人产生自给自足的幻觉，忽视了地区之间的互相依赖和团结，而后者恰恰是社会契约的基础。

---

[1] Bruno Latour, *Où atterrir ? Comment s'orienter en politique*, Paris, La Découverte, 2017.

对抽象的反抗

当下的本地增值现象并不是新出现的事物。这种转变最先发生在20世纪80年代,地区的政治学家和经济学家认识到,由国家直接主导的发展模式已经耗尽了力量[1]。一种新思想传播开来,即源于内部的"地区发展"理念。

人们再次发掘了意大利中部、德国南部工业区的活力,摆脱了法国的全国一体化模式,建立起了被神话化的新模式。人们明白了,在全球化的新形势下,地区不仅不会被排除在外,其作用反而会增强,因为地区能带来在开放世界中具有竞争力的关键资源:参与者之间的信任、根植于当地的技能和社会资本。

---

[1] 尤其是丧失了将新的行业岗位引导到某一个地区的能力(如布列塔尼的电话行业、北方地区的汽车行业)。1975年之后,行业提供的岗位在消失。

当前"转向本地"的现象只不过是这种模式的局部延续，只不过是参与者发生了变化，且把重点从经济转到了生态。有些人会借此提出实验性的、前卫的模型，伴随而来的往往是巨大的转变：脱离主流社会、建立生态聚落的"绿洲法国"概念[1]应运而生，鼓励地方自治甚至断开相互的联系。从乡村（依靠参议院席位）的坚固防御，到（鲜有人注意到的）国民议会的显著转型，人们在散文家埃尔韦·朱万（Hervé Juvin）的影响下，将"具有身份认同和生态性的地方主义"作为新的旗帜，以反集中制的观点引发政客的共鸣。

但本地的升值是以更为分散的方式兴起的。因此，想要赋予其明确的价值导向是徒劳的，其践行者更为注重的是实用主义，是具体的行动，是当时当地的内容。

---

[1] Nicolas Truong, « La France des contre-sociétés et des oasis », *Le Monde*, 14 décembre 2019.

对于本地价值的一种可能的定义是：对抽象的反抗。其或明或暗表达了对于大型公私机构中抽象内容的抗拒，在这些机构中，工作仅仅是长链条上的一个环节，职业道路上遍布着为争权夺位而挑起的无休止的竞争。德国哲学家吕迪格尔·萨弗兰斯基（Rüdiger Safranski）在2004年发表的题为《人们能承受多少全球化》的短文中提出，在流通和互动的丛林之中，人们需要一片休憩的空地[1]。

生态成为一种适合表达反抗的语言。在金融危机之时进入劳动市场的30多岁的人们，以及在更黑暗的环境中遭逢危机的年轻人们，完全有理由因前人的怠惰而感到愤怒。美国年轻人关于新地方主义调查的回答仿佛是法国年轻人的复刻，尽管两国对于"本地社区"的看法有显著的

---

[1] Rüdiger Safranski, *Quelle dose de mondialisation l'homme peut-il supporter ?*, Arles, Actes Sud, 2004.

差异①。这种运动也与不同维度的价值观向着全球化方向转变的现象相吻合。

寻求自主权和对人生的掌控,已经被排在寻求安全保障之前,成为新一代年轻人的主要价值观。他们寻求职业生涯和人生道路的意义,拒绝"垃圾工作"和无意义的任务。正如让-洛朗·卡斯利(Jean-Laurent Cassely)委婉描述的那样,许多年轻人都不愿再当"Excel 和 PowerPoint 的操作系统"②了。

人们还希望掌握职业成果,这体现在对于短期工作的偏好上。对化油器(carburateur)和钢架结构(charpente)的赞誉,制作工坊(fab

---

① Anne Snyder, « Millocalists ? The real story behind millenials and the new localism », in Joël Kotkin et Ryan Streeter, *Localism in America*, American Enterprise Institute, 2018.
② Jean-Laurent Cassely, « Néo-artisanat », *Cahier de Tendances* 2015, Fondation Jean-Jaurès, 2019.

lab）和各式合作社的成功[1]，不论是在书本中还是在实践中，无不体现着回归"实干"（faire）的潮流。

忘掉大城市？

与对抽象的反抗同时而来的往往还有对大城市的拒绝——大城市被看作社会竞争和地位争夺的战场。如今人们说到"地方"的时候，想到的主要是中小城市。大城市的失宠并不是从新冠危机才开始的，其原因还包括某些现实因素，如生活（尤其是住房）成本和日常压力。

---

[1] Matthew Crawford, *Éloge du carburateur. Essai sur le sens et la valeur du travail*, Paris, La Découverte, 2009 ; Arthur Lochmann, *La Vie solide. La charpente comme éthique du faire*, Lausanne, Payot, 2019 ; Isabelle Berrebi-Hoffmann, Marie-Christine Bureau et Michel Lallement, *Makers. Enquête sur les laboratoires du changement social*, Paris, Seuil, 2018.

几十年来，巴黎地区的年轻人们（大致在生下第一个孩子之后）大量移居到（主要是西部和南部的）外省。法国政治学研究中心（CEVIPOF）2019年6月的一项调查显示，受访者更愿意住在乡村（45%）和中等城市（41%），而不是大城市（13%）。如果我们认同这项调查的结果，那么大城市的居民们就并不是因为自己的愿望而住在大城市里的！

在新冠疫情期间，出现过一些激进的观点，有人指责大城市的高人口密度及其他一切罪恶，甚至预言大城市的崩溃。实际上，在卫生健康方面下定论还为时尚早。即使传染病大流行与人口密度有相关性，这种关联也是很复杂的。最近的一项研究表明，在美国，人口密度与新冠疫情的早期感染有相关性，但与最终的发病率和死亡率无关[1]。

---

[1] Felipe Carozzi, Sandro Provenzano et Sefi Roth, « Urban density and Covid-19 », *CEP Discussion Paper*, n° 1711, août 2020, LSE.

对于封闭隔离这项大规模社会实验的结果，要下结论也同样太早。普遍而言，大城市开展线上办公的比例更高：伦敦为54%，巴黎大区和斯德哥尔摩为51%，此外还有一些有趣的波动（旧金山比例为50%，但洛杉矶仅有30%，后者的经济更依赖于接触式活动）。疫情之后会怎么样？一种可能的情况是，依赖接触的城市会逐渐降低这种依赖，转而采用灵活的线上活动形式。但这不太可能会使地方的固有结构发生剧烈变化[1]。

最后，关于大城市的人口密度带来的生态成本有哪些论调呢？似乎大家已经达成一致意见，大城市的空气污染问题是一项主要且长期的公共卫生问题（在巴黎和伦敦尤甚），大城市还存在直接排放大量温室气体的问题。但这些论点的力度似乎比一开始要薄弱了。环境卫生问题并不是

---

[1] Richard Florida, Andres Rodriguez-Pose et Michael Storper, « Cities in a post-Covid world », *Papers Evolutionary Economic Geography* (*PEEG*), vol. 2041, septembre 2020.

城市所特有的，关于排放的真实可靠的数据也很少。不过，我们可以依靠一项规模庞大的国际研究来估算世界上 13 000 个城市的直接排放量和间接排放量（即包括在城市内消费商品和服务产生的排放量）[1]。

根据这项研究，占据了世界 11% 人口的前百大城市产生了全球 18% 的碳足迹，各个城市有很大差距（首尔第 1 名，伦敦第 15 名，巴黎第 23 名）。但同时人们也发现，碳排放与收入水平密切相关，收入在前 10% 的人口造成了 30% 的排放[2]，而富人主要集中在城市。一项英国研究表明，在英国城市中，碳足迹主要由社会人口结

---

[1] Daniel Moran, Keiichiro Kanemoto et al., « Carbon fooprints of 13 000 cities », *Environmental Research Letters*, vol. 13, 2018. 直接排放和间接排放（与消费量相关）之间有根本性的差距。在行话里经常讲范围（scope）1 和范围 3。如果将范围 3 计入，城市的碳足迹通常要乘以 2 到 3 倍。该研究包含了很多按照惯例和不确定的估算，但算法是统一的。该项目由挪威、日本、瑞典和美国的研究者共同参与。

[2] Klaus Hubacek et al., « Global carbon inequality », *Energy, Ecology, Environment*, vol. 2, 2017, pp. 361-369.

构决定，物理特性和基础设施的影响相对都很弱。我们再来看另一组令人吃惊的数字：居住在城市圈之外的最富有的 5% 的人口产生了美国 32% 和中国 21% 的温室气体排放量。

城市的选择和交通

我们应当把脱碳的努力集中在碳排放绝对数值最高的地方，这是合理的。但我们不能说与其他地区相比，大城市在环保方面缺乏效率。在发展中国家，城市化往往伴随着生活水平的提升和商品消费的增加，而这正是人均碳足迹增长的重要因素。但法国这样的国家不同，其对于商品的消费已经非常均衡。

小城镇乃至农村的居民都早已不再依靠菜园养活自己。我们可以设想，如果一挥魔杖，大城市所有的居民都迁移到中小城市生活，那么法国全国的碳排放将会增加而不是减少。不要忘记，人口密集模式对于节约资源非常有效。需要重申的是，碳中和目标必须要在整片地区实行，也就是不仅包含城市，也包含乡村、森林地区（也要考虑相应的碳汇）。

那么我们是不是可以得出结论：城市中已无可提升之处？恰恰相反，就以交通问题举例，法国的问题与其说在于大城市的发展，不如说在于几十年来大城市形成的碎片化空间模式。由于石油价格低廉，国家对公共交通的投入不足并且全面放弃规划（城市化方案由市镇自行决定），小城镇的郊区不受控地被分割成了区块。

因此，汽车的交通受限问题爆发了。汽车是法国碳排放的第一大来源（约占16%）。三个区域（城市中心区、近郊第一环形区和工作地点更分散的第二环形区）因交通产生的碳排放差异巨大。城市中心区的排放占2%，环形区内部的排放占73%，往来中心区和环形区之间的交通排放占25%[1]。所以，请别再关注城市中心修建的滨河道路和自行车道了。媒体只聚焦在此，但问题不在于此。

问题出在郊区（不论近郊远郊），还有人口较少的农村地区。如果过去我们能集中发展远途公共交通中轴线，事情就会大不一样。那么现在该怎么做？我们应该停止以其他方式大规模代替汽车的幻想，马上转而发展电动汽车，并鼓励共享汽车。应该在严重缺乏公共交通线路的地区大力建设类似巴黎区域快速轨道交通线（RER）的交通网络，例如以下地区：里昂，艾克斯-马赛-普罗旺斯区域大都会，以及里尔和采矿盆地构成的区域性整体。

"反对大都市"的口号满足了厌倦城市压力的一部分人的期待，为法国传统的反城市思潮写下了新的一笔，但若说这种口号能带来生态效益

---

[1] Jean Coldefy et al., *Décarboner la mobilité*, ATEC-ITS, 2020.

就值得怀疑了。不要忘记，大城市是对世界敞开的窗口，全球主义如果消散在家乡地方主义之中将是可悲的。大城市为多样化的人口提供了大量机会。在大城市，不平等现象比其他地方更严重，但是，即便大城市在社会阶层跃迁方面劲头疲软，也仍然比人口密度低的地方做得要好①。

让大城市更加"绿色"是控制空气污染、减少热岛效应的必然要求，但这种由最"发达"地区承担的要求不应当让社会的撕裂加剧：撕裂的一方是有权选择自己生活方式的人，包括对领土的观点（我们在疫情封闭期间已经看到）；另一方是被关在家中，视野越发受限的人。

---

① Clément Dherbécourt. « La géographie de l'ascenseur social français », *document de travail* 2015-06, France Stratégie, 2015. 在美国，参见Raj Chetty的先驱著作。

分布式模型

安德烈·戈尔兹（André Gorz）在著作中设想了一个"一切需求和渴望之物都能在合作和公共的车间中生产出来的世界"，在这个世界中，"自我生产的公共车间能在世界范围内联通起来，共享它们的经验、创造、观点和发现"[①]。人们可以怀疑前一句话不切实际，但是，这种以地方单位为基础的组织方案具有高度的自治性，并在某种程度上实现了全球互联，可以说是一种强有力的通用方案，在当今社会中越来越多地出现在各个领域。

产生这种现象的主要原因是，一直起决定性作用的规模经济越来越不需要物理上的集中，而是可以通过千百种手段与空间分布式网络经济相

---

① André Gorz, *Écologica*, Paris, Galilée, 2008, pp. 40-41.

结合。直观上我们能理解，这种强分布式的系统比集中化和等级化的系统更能抵御冲击[1]。我们之前已经提过能源案例以及企业中兴起的"分布式全球化"（globalisation distribuée）模式。城市的地理也越来越呈现出不同中心联结而成的群岛形式，跨越了传统上以连续板块形式出现的国家机构。

这类分布式网络在过去曾起到重要的作用。想一想汉萨同盟的城市、意大利和弗拉芒大区的城市网络，以及古希腊数以千计的城邦——根据约西亚·奥博（Josiah Ober）的观点，古希腊城邦虽然完全没有政治集权，但其蓬勃发展的浪潮直到文艺复兴前都无可匹敌[2]。在国家范围内，我们的城市系统可以更多地以这种分布模式组织

---

[1] Nassim Nicholas Taleb, *Antifragile. Les bienfaits du désordre*, Paris, Les Belles Lettres, 2012.

[2] Josiah Ober, *L'Énigme grecque. Histoire d'un miracle économique et démocratique*（VIe-IIIe siècle avant J.-C.）, Paris, La Découverte, 2017（2015）. 作者描述了民主制度和分布式经济之间非常微妙的联系，这种经济由公民控制的国家市场所主导，由非常严格的规则所构成。

起来，这样能够限制大城市的物理集中。

然而，我们不要忘了这些网络在财务、技术、法律方面的相互依赖。根据柏拉图的观点，古希腊城邦就像是围绕着同一方池塘的青蛙，是互相交换资源的拥有很大自治权的"子系统"。如今，我们的地方不再是这种情况了，它们更像是庞大的流（flux）系统中的一个个节点。把它们视为自治或半自治的实体是一种错觉。

等级制国家通过不断消化前现代的网络结构抑制了它们的活力，而如今我们正寻求重现这种活力。但这类国家同时也创造了团结和保障的基础，它们如今依然重要，我们在当前的危机中再次确认了这一点。如今，唯一实质性的团结就是民族国家的团结，体现在税收、公共开支、公共定价和社会健康保险上[1]。地区或家庭内的具象

---

[1] 洛朗·达韦齐（Laurent Davezies）大量分析过这类观点，参见 *La République et ses territoires*, Paris, Seuil/La République des Idées, 2008, 以及 *Le Nouvel Égoïsme territorial*, Paris, Seuil/La République des Idées, 2015.

团结很重要，但和无形的国家团结相比，终究显得微不足道，因为后者会在社会和地区范围内开展大规模的再分配。我们当然希望再分配的水平可以达到欧洲标准，但是我们也看到，要达成这一步还有很长的路要走。

默克尔和马克龙在2020年5月18日达成的协议标志着预算团结的开始，但地方转移支付的水平和欧洲转移支付的水平仍有巨大的差距，相差约1到10个百分点。反过来说，我们不需要成为"财政联邦"专家也能明白，地方性的再分配与更高层面的再分配相比会受到更多限制，且通常更不公平。在一个普遍贫穷的地区，穷人要为更穷的人买单！

最后，还有定价公平的问题。我提到过能源去中心化。如果有幸住在水坝脚下的人就能享受更低的电价，如果这种去中心化摧毁了定价的平衡，谁还会接受呢？这类问题即使在国际层面也仍然存在。明智的做法是减少国家间的此类差异，而不是将同样的问题引入国家内部。

我们对彼此的依赖已经到了意识不到的程度，就像鱼忘记了身边的水。新地方主义，如果没有其中倒退的部分和身份认同等问题的话，是重塑日常联系和创造新实践的绝佳土壤。它可以对第三章中提到的以人为本的经济起到促进作用。但我们要记住，我们的社会建立在紧密编织的团结契约网上，这张网的范围应该要扩大，至少覆盖欧洲，而不应当将其收缩或绕回到数量众多的地区或微地区的层面。

第六章 税制、金融和科技

第六章 税制、金融和科技

无论我们把地方主义想象得有多好，它都不足以使我们摆脱困境。没错，我们需要的是结构性转变，但是包括哪些内容呢？规章和标准自然是必不可少的，我们已经看到了其在汽车行业脱碳进程中的有效性。但我们也了解其局限性，因为制定标准的是国家，而国家几乎总是受限于全国性的目标（维持就业和相对竞争力等）。抛开制定标准的道路，还有三条道路引人关注：征税、绿色投融资、初创(绿色科技)企业的技术和创新。

这三条道路的共同点是，它们最终要依靠市场活动，这也是它们吸引大量经济学家的原因。

但是除此之外，它们还有一个共同点：对现实的把握都还不足。碳价格的设定遭遇了太多的阻碍，如果将其设定成在地理层面和金额层面都绰绰有余的程度，那似乎就与如今愈发紧迫的挑战不相协调了。人们在讨论绿色金融上花了不少笔墨，但它还是处于边缘地带。同时，全球的金融格局也并不乐观。

至于"绿色科技"领域，它还远远没有数字领域的活力。原因无疑是其并没有像硅谷腾飞时那样享受到大规模基础设施投资的福利。在模式转变的情况下，科技和金融都需要战略基础。因此，国家领导的回归就提上了日程。但问题在于，这种国家领导需要在我们自身民主模式的基础上进行，而不能照搬中国的模式[1]。

---

[1] 本章非常感谢奥利维耶·帕塞（Olivier Passet）在金融话题上的贡献。他在Xerfi Canal发表了多篇专栏文章，此处主要参考了2019年11月13日的综述《盈利却不再增长的资本主义：价值的停滞》（Un capitalisme rentable sans croissance: le hold-up de la valeur）以及新冠疫情期间发表于2020年9月14日的综述《金融：这剂治疗危机的药方会毁了我们》（La finance, ce remède à la crise qui nous achèvera）。

碳税：是空想还是奇迹般的解决方案？

如果想内部消化一种"负面的外部因素"，经济学家的自然反应就是为其定一个价格。根据这一理论，为碳排放制定合理的价格能够一石二鸟，因为这不仅可以在短期内重新引导消费方向，长期看也可以让企业做出良性的结构调整。这一话题引起了激烈的争论，并且辩论的方向越来越趋向于怀疑主义。我在这里仅概括这场辩论的主要论点。

世界上唯一一个尝试高价征收碳税的国家是瑞典。法国在经历两次失败后（人们可能还记得被放弃征收的公路交通生态税），不算重型工业和空中运输，自 2014 年以来对运输和供暖按每吨二氧化碳 44.6 欧元收税。税率原定逐步提升，但后来因黄马甲运动而未能实行。碳税征收总是零敲碎打，不能真正形成压迫力，法国在这方面也并不例外。

在国际上，碳税的影响目前微不足道。据估

计，2017年世界范围征收碳税的金额约为185亿欧元。2018年，碳排放最多的几个国家——德国、中国、美国、印度和俄罗斯——都没有征收碳税[1]。经合组织在2019年9月发表的一份报告中研究了占全球能源温室气体排放总量80%的44个国家，我们从中得知，这些排放中有70%没有被征税。平均而言，碳税的税率实际上约等于无。而另一方面，这44个国家的政府在2017年投入了1 400亿美元用于化石燃料的生产和消费，部分国家对此的投入还在增长[2]。

我们由此可以看到能源转型的大敌之一"搭便车行为"（还有就是已经提过的杰文斯效应）。

---

[1] 不过，在德国、中国以及美国的一些州存在碳配额交易制度。
[2] 参见经合组织（Organization for Economic Co-operation and Development, OCDE），《加速气候行动》（Accelerating Climate Action），2019年9月20日。有许多委员会研究过碳的"合适定价"问题。在法国，2008年，由战略分析中心的阿兰·基内（Alain Quinet）担任主席的委员会提出在2030年定价100欧元，2050年定价150欧元至300欧元。很难想象实际发展中达到这种价格的可能性！2017年，由尼古拉斯·斯特恩（Nicholas Stern）和约瑟夫·斯蒂格利茨（Joseph Stiglitz）担任主席的国际委员会提出了一个价格区间，范围从2020年的40美元至80美元到2030年的50美元至100美元，并且根据国家不同，保留灵活应用的可能性。

出于理性，每个实体（职业团体、国家）会等待其他人做必要的努力来维护能源转型，这就会让每个实体都不做努力。对碳排放定价只有足够广泛且足够高昂才会起到实际作用。否则，碳税只会把"受害者"（如能源密集型重工业）赶向更宽容的地区，甚至会催生出专门接待这些行业的避难地。我们星球上的这种合作倾向让事情并不乐观。

碳税有三个重大缺陷。首先，其具有社会层面的不公平性，尤其是人们的收入越低，开销受到碳税限制的程度就越高。正如法国政府学到的教训那样，征收碳税的做法想要在政治上被接受，必须满足两项条件：一是收入要明确用于环保举措，二是要为因碳税受影响和受限制最严重的家庭提供补偿。如何为他们开展退税呢？我们完全有理由感到担心，因为即使是更简单的问题也导致了"煤气厂"[①]的产生。

[①] 此处指花费高昂、过于复杂，且官僚主义的项目。——编者注

其次，有观点认为，只有在有其他替代方案的时候，才可能利用征税来影响人们的行为。在汽车领域，我们寄希望于在不久的将来，清洁的电动汽车能够为依赖燃油汽车的人们提供替代选择。但是，在其他许多领域（建筑、农产品、空中运输），短期内几乎不会有成熟的替代技术。

最后，碳税目前无法帮助维护或发展碳汇。空气中的碳不能像工业或运输业那样提供税基，然而为了农业转型、保护森林和海洋，却需要进行大量战略投资。

因此，明智的做法是不要相信为碳排放定价是一种会带来奇迹的做法。当然，这并不意味着基于碳税制定的激励方案是毫无用处的。依靠这些方案，我们已经有了很多进步，并且还将继续取得发展。在英国，相对较轻的碳税使得发电站开始放弃用煤炭发电（而改用危害较轻的天然气），要知道在2012年，煤炭发电还占据英国40%的发电量。许多迹象表明，如果碳税制度能够允许大型石油公司以一种相对能调整好自己的方式退出，它并不必然会遭到这些公司的反对。

其他提议也已摆在台面上。皮埃尔·卡拉姆（Pierre Calame）认为，唯一的更好选择就是给每位公民分配碳减排补贴，这符合碳中和的目标，也能让碳像货币一样成为交易物[1]。这种方案实际上是一种配给制，其在纸面上并没有表现出碳税一般的负面效应，但我们很难想象它实际实施的情况，因为它需要承载数据和进行计算的相应设施，而这在目前是不切实际的。

---

[1] 参见blog.pierre-calame.fr以及多米尼克·梅达（Dominique Méda）和米谢勒·里瓦斯（Michèle Rivasi）联名发表于2020年8月12日出版的《世界报》上的专栏文章《21世纪的挑战就是在尊重生物圈的前提下保障人类福祉》（*Le défi du XXIe siècle est d'assurer le bien-être de tous dans le respect de la biosphère*）。

从化石能源行业撤资

正如比尔·麦吉本（Bill McKibben）所言："金钱是气候变暖的'助燃剂'。"[1]要减少碳排放，我们可以从切断化石能源（煤炭、石油、天然气）行业的资金流着手。激进行动派并没有忽略这条路径，十几年来，他们一直试图呼吁银行、大型资产管理机构和保险公司收回对大型综合化石能源公司的支持。这项运动还找到了一些未曾预料到的盟友，如洛克菲勒家族基金（标准石油公司创始者的后人）。运动并非没有产生影响，2016年，全球最大的煤炭公司皮博迪能源（Peabody Energy）申请破产，并将撤资列为失败的主要原因之一。

---

[1] Bill McKibben, « Money is the oxygen on which the fire of global warming burns », *The New Yorker*, 17 septembre 2019. 比尔·麦吉本是非常活跃的非政府组织350的创始人。

给人扣上傻瓜帽（点名羞辱）的激进行动已经展开，方式是仔细审查大型金融机构的资产负债表。加利福尼亚的一家非政府组织发表了一份题为《为气候变化投资》的年度报告，在其中根据全球金融巨头对"反生态"活动的投资情况给它们排名。排在前列的就是美国的摩根大通银行以及其他北美的银行。在《巴黎协定》签署后的三年内，摩根大通银行可能为化石能源项目融资了近2 000亿美元。

投资情况不容乐观。为了弥补在交通运输业减少的销路，石油化工企业转而大量投资塑料行业，这很可能成为其新的主要发展引擎。而我们知道塑料有长期的危害，对于海洋生物多样性来说更是如此。在欧洲，正在进行的一项大型私人投资就是英国首富吉姆·拉特克利夫（Jim Ratcliffe）手下的英力士公司在比利时安特卫普建设的大型石化工厂。

然而，人们逐渐形成的共识是，对化石能源行业的大规模撤资最终是不可避免的，这体现在大量潜在的"搁浅资产"上（主要指公司未使用的矿产和石油储备[①]）。

尽管目前的撤资行动好像只是蚊子叮了大象几下，但大家都知道大象实际面临严重的威胁。此外，石油价格暴跌以及新冠疫情危机也可能助推这场运动。2020年9月14日，英国石油公司首席执行官伯纳德·鲁尼（Bernard Looney）宣布，根据该公司预测，全球石油消费量今后不会再上升，在未来20年将稳定在每天1亿桶左右（主要是由于公路交通的电气化和效率收益）。而正是同一家公司，在2019年时还预测世界石油需求量到2040年将增长40%！

撤资运动的规模可能还会扩大。挪威，自称是世界上最清洁的国家——也是最虚伪的国家，

[①] 参见2015年时任英格兰银行行长的马克·卡尼（Mark Carney）在劳合社发表的历史性演讲：https://www.bankofengland.co.uk/speech/2015/breaking-the-tragedy-of-the-horizon-climate-change-and-financial-stability。

因为其财富来源于石油——近期大幅收紧了利用主权基金的条件,主要是将矿业巨头排除在外,因为后者在煤炭行业进行投资。道达尔公司在2020年9月宣布,未来到2030年,将逐步减少石油产量,同时也宣布了其在液化天然气方向发展的雄心[1]。

生态投资

我们一方面要遏制对有害产业的投资,另一方面则要鼓励良性投资。理论上,后一个任务相对更轻松,毕竟资本是过剩的。专家们一致认为,对于减缓和适应全球变暖的投入并不会像人们担心的那样是一个天文数字。

---

[1] Vincent Collen, « Total va diminuer sa production de pétrole, une première en un siècle », *Les Échos*, 5 octobre 2020.

尼古拉斯·斯特恩（Nicholas Stern）在2006年的一份具有里程碑意义的报告中指出，不采取行动的成本远高于采取必要行动的成本。他表示，到2050年，不采取行动而付出的成本可能每年占到2005年全球GDP的5%至20%，而稳定排放温室气体的成本每年仅会占全球GDP的1%[①]。我们的问题并不在于潜在可用的资金不足，而在于金融系统没有把过剩的资金用于生态转型的长期投资（而是投入一般的生产经济中）。

人们演说的内容已经有了变化。全球最大的资产管理集团（6万亿美元）贝莱德集团的首席执行官拉里·芬克（Larry Fink）在致全球企业领导人的年度信中庄严宣告，他今后想优先开展负责任且可持续的投资，他将根据践行生态承

---

① 某些经济学家，如2018年诺贝尔经济学奖获得者威廉·诺德豪斯（William D. Nordhaus）认为那样的成本完全可以接受，对人类将造成的可预见损害完全无动于衷。他构造的平衡成本和收益的所谓"最佳"模型会导致3.5℃的升温！

诺的情况评判他所投资的众多企业的领导人[①]。此外，脱碳投资可能也会是一门好生意。现今脱碳企业或脱碳项目的投资收益似乎只达到平均水平[②]，但只要脱碳领域的资本跨过一道门槛，"低碳"指数理论上能提供更高额的回报。

目前，严格意义上的"绿色金融"（绿色债券）还处于市场金融的边缘地位。不论是公共还是私有的资金都很少流向生态转型方向。以法国为例，据法国存托银行（Caisse des dépôts）的气候经济研究所（I4CE）估计，每年在"低碳"领域的（有形）投资金额约为460亿欧元，其中一半来源于公共部门，而最大的两个投资对象是对建筑和交通设施（主要是铁路）的改造。离实现2020

---

① 绿色投资通常被认为包含在"负责任的社会和生态投资"范围内。参见Larry Fink, « A fundamental reshaping of finance », Letter 2020 to Our CEO's, 可在blackrock.com获取。
② Carbone 4是由阿兰·格朗让（Alain Grandjean）和让-马克·让科维西（Jean-Marc Jancovici）在2007年创建的一家咨询机构，该机构与欧洲证券交易所（Euronext）共同推出了一项"低碳"指数，有100家企业参与研究，该指数可以监控企业的收益。

年4月法国政府定下的"全国低碳战略"目标可能还有150亿至180亿欧元的资金缺口。复兴计划需要增加这方面的投资额。然而，该计划建立在乐观而脆弱的假设之上，如对建筑热力改造有效比率的假设。

绿色治理

在推动"绿色"金融方面，也有很多问题产生。首先就是定义问题：什么叫作"绿色"投资？欧洲正在开展反思行动，致力于避免"漂绿"①现象的产生（事实上这种现象已广泛出现），并寻求建立更精确的分类方法，以便用于制定公共政策的基础信息不再那么模糊。埃莱娜·雷伊（Hélène

---

① 指一家公司、政府或是组织以某些行为或行动宣示自身对环境保护的付出但实际上却反其道而行。——编者注

Rey）提倡信息透明："大公司应该提供经过审计的环境账目，并基于该账目评估公司整个生产链对环境的影响。"[1]但很遗憾，这个提议不太现实，不仅仅是因为价值链的碎片化和复杂性。最主要的问题在于，由于投资的背景环境不同，一项投资可能或多或少总是绿色的。

在经济学和公共政策的观点中，对投资的独立性和可增加性的假设还存在着一定的问题——尤其是在碳排放和污染排放的关键问题上参与者众多、各种排放有所关联的背景下。在认知上区分燃煤发电站和太阳能发电站并不是什么难事，但到了交通工具和建筑上，问题就变复杂了，因为它们涉及系统。在公共预算里区分"好投资"（热力改造、修建铁路及自行车道）和"坏投资"（公路、机场等）是很低级的方法！在某地，某段公

---

[1] Hélène Rey, « Environnement : la myopie coupable des investisseurs», *Les Échos*, 11 avril 2019.

路也有可能会比铁路更加环保。

绿色治理具有局限性。关键并不在于投资的名称，而在于项目的系统性和相关性。建筑的热力改造项目——公共政策总是喜欢这一套——经过公民大会确认并在复兴计划中被庄严采用，而它正是缺少系统性的典型体现。

诚然，减少"热力筛子"①是政府一项必不可少的政策。但实际上翻新建筑外层取得的效果很容易出现反弹（把空调温度调高，努力就白费了），而且对于建筑外层的执念让人忽视了其他同等重要的问题：建筑材料中的含碳量、住宅中的电器和电子设备、制热和制冷的方式。持有这种执念的人还忘记了碳排放的重要影响因素是地理位置。与地处偏僻但有公共交通经过的住宅相比，难以到达的住宅区就算做成"保温杯"也还是更不环保。

---

① 指隔热很差，需要大量能源供热的建筑。——译者注

因此，绿色投资既需要因地制宜融入地方政策中，也需要更为开阔全面的定位。在范式变化的背景下，想让私人投资发挥完整影响力，就必须搭配基础设施投资和定向投资，这类投资通常是超出私人投资范畴的。

我们要思考跨欧洲铁路网的问题，它一直没能实现互联互通；我们要思考电网深度融合的问题，它与向可再生和间歇式能源的转变息息相关；我们也要思考燃煤地区的转型成本，如果我们希望像波兰这样的国家往脱碳化方向发展，我们就必须要对其提供支持。各国缺乏明确的前景目标，这是投资者观望的主要原因。

然而，数十年来，欧洲公共投资的下降程度是惊人的，如果考虑到已投资的资产贬值，情况就更加严重。30年间，欧洲的公共投资名义上从GDP的4%下降到了2%，考虑到资产的损耗（公路和铁路基础设施的老化），有的研究者认为这一数字实际接近于0，还有人认为是负数。法国的情况比欧洲平均情况要好一些。

重新寻找指南针

我们可以寄希望于欧洲现在推崇的"绿色新政",以及对抗疫情危机的复兴计划来打破现在的僵局。但首先我们要明白,这并不只是简单地建立金融管道、开设新银行或新柜台,或把资金用于一些比较笼统的投资。本质问题在于:采取这些措施是为了什么项目?与城市或地区发展相协调的项目有哪些?与国家和欧洲发展相统一的项目有哪些?举一个例子:在欧洲没有协调统一的绿色投资政策的背景下,如何汇聚能源领域的绿色投资?

我们的政府对于市场的自我组织能力充满了信心,而当前的情况是:在资本主义制度下,大量前所未有的资本共存,而具体项目(包括那些最有必要开展的项目)却存在巨大赤字。正如让-夏尔·乌尔卡德(Jean-Charles Hourcade)所写:

即使我们命令各国央行和欧洲央行向经济投入数万亿的资金也不会赢得战斗的胜利。这种让财政大量撒钱的想法忽视了一点：对储蓄的强烈倾向和对生产性投资的保留态度这两者之间的结构性差距正在破坏现代经济。[1]

又如奥利维耶·帕塞（Olivier Passet）对情况的总结：

由于缺乏协调，缺乏有领导力的国家提供用以促成技术进步并快速建立规模经济的动力，投资者们面面相觑，止步不前。金融化资本主义将资本的盈利潜力和自筹资金的资源量推到了最高，各国央行将资金流动性推到了最高，面对如此庞大的可流通资金，建立可持续资本主义的基

---

[1] Jean-Charles Hourcade, « Dans l'après-Covid, comment financer une relance verte ? », *Confrontations Europe*, 20 mai 2020.

本需求仍然无法被满足。负利率好似在敲响金融化资本主义的丧钟，资金是过剩的，但我们却不知往哪里投资才能推动未来经济的增长。[1]

我们现在经历的宏观经济体制包含着一对违背一切已有理论的矛盾：一方面，无论是在经济还是金融上，盈利潜力都非常高；另一方面，利润率却为零或为负。高盈利潜力来源于全球化、网络效应以及由此在数字化领域形成的垄断，也来源于工会被普遍削弱，受保护性弱的工作迅猛发展。理论上，高盈利潜力通常会引来浓厚的投资兴趣，从而推动获得收益，利润率也会与之吻合。

然而我们看到的实际情况却完全不是这样。我们正在经历历史性的低利率甚至负利率时期，这是因为央行向经济领域投入了大量流动资金，

---

[1] Olivier Passet sur la chaîne Xerfi Canal, 18 octobre 2019.

一旦利率上涨会造成毁灭性的影响,因此形成了僵持的局面。新冠疫情并不会改善这种局面,相反会加剧负面影响。本质上,正如奥利维耶·帕塞所说,这种负利率的情形说明当前的资本主义不知道如何给未来定价了。

想靠金融市场来挑选"好投资"是完全不切实际的。金融领域的自我供养依靠利润积累和财富效应,并没有实际的生产基础。大城市中心的房地产投资已经成为富人储藏价值的保险箱,这也是如今经济的一个具象缩影——"收取者"(taker)似乎完全控制了"生产者"(maker)(玛丽安娜·马祖卡托在其作品中所使用的术语),而在当前的紧要关头,这与我们的社会和整个星球的需求背道而驰[1]。

---

[1] Mariana Mazzucato, *The Value of Everything. Making and Taking in the Global Economy*, Londres, Penguin, 2018.

技术：熊彼特和詹韦

在征税和绿色金融之后，初创企业的技术革新会是第三条拯救之路吗？很显然，我们应当对多重生态挑战开展新研究，其中也包括基础研究。生产真正的绿氢、新型电池、二氧化碳的储存——研究课题并不缺乏，它们在公共机构（大学和研究中心）里的地位很难量化，因为主题太过丰富了。当然，这个问题还达不到关键问题的高度。由于涉及从科学到经济的转变，我们还是有必要对这些今后将会无处不在的智力"成品"提出疑问，因为它们传达了一种观点，那就是新事物会以一种有机的方式从旧事物中产生，也就是达尔文和熊彼特提出的"创造性破坏"的方式[①]。

[①] 这里的提法只是"轻简版"的熊彼特思想，与熊彼特思想真正的复杂性（以及悲观主义）相去甚远。

这种模式，即马克龙总统提出的"初创国家"模式，使得国家的科尔贝主义①，还有大企业的保守官僚主义被遗忘了。这种想法及其附带的一系列时髦概念（造成了不同阶层的"断层"）都是基于数字化革命的模式，但其忘记了一个重要的事实：如果没有国家（此处指美国）的巨额投资，数字化革命根本不会存在②。

如果没有公共投资，就不会有微处理器，不会有互联网，也不会有纳米科技。硅谷并不仅仅只是英雄的企业家和勇敢的金融家相遇的结果，它还是在五角大楼的办公室里诞生的。在冷战背景下，美国政府做了企业家会做的事。"创新经济的第一也是最重要的要素就是不考虑任何回报

---

① 科尔贝主义即重商主义，以法国路易十四时代的财政大臣让-巴蒂斯特·科尔贝（Jean-Batiste Colbert）命名，倡导国家干预经济活动。——译者注
② 玛丽安娜·马祖卡托最近在一本书里再次提到了这一点，这本书在英语国家的影响更大，其理论违背了市场的教条：*The Entrepreneurial State. Debunking Public vs. Private Sector Myths*, Londres, Anthem Press, 2013.

的资金来源。"说这话的并不是某个呆板的科尔贝主义者，而是就职于传说般的华平投资集团的资深风险投资人比尔·詹韦（Bill Janeway）[①]。

詹韦的模型建立在三角结构上：模型的基础是公共倡议，不考虑投资的回报标准，由一个使命驱动型国家建立；其次是投机性融资，它通过不断试错探索可能投资的领域，根据公共基础设施做出调整，其代价是不断产生泡沫，虽然浪费但仍有必要；最后是传统市场对新事物的逐步整合。国家在其中的作用不是弥补市场的缺陷，而是根据明确的社会政治集体目标开启进程，并管控负面后果。没有国家起作用，良性循环就不会开始。

[①] 比尔·詹韦在著作中非常详尽地分析了创新的机制，见 *Doing Capitalism in the Innovation Economy*, Cambridge, Cambridge University Press, 2018.

国家在何处？

这种创新模型在绿色技术当中的应用十分有趣。我们至少可以断言，绿色技术远不像数字技术那样已然腾飞。在互联网泡沫破灭的时候，人们相信硅谷会向绿色清洁方向转型，但这并没有发生。2005 年后，绿色投资领域的大额风险投资数目令人失望，许多投资人浅尝辄止[1]。

GAFAM[2] 的金融化是一种颠倒的金融模型，其充分运用了数字经济的"可扩展性"，优先考虑的是增长而不是盈利[3]。这种模式不适合可扩

---

[1] Benjamin Gaddy, Varun Sivaram et Francis O'Sullivan, « Venture capital and cleantech : The wrong model for clean energy innovation », *MIT Energy Initiative-Working Paper*, 2016-06. 这项引人入胜的研究详细说明了为什么数字技术的模型不能适用于绿色技术。
[2] 指谷歌（Google）、苹果（Apple）、脸书（Facebook）、亚马逊（Amazon）和微软（Microsoft）等数字经济领域的行业巨头。——译者注
[3] 首先通过网络效应尽可能快速增长并占据潜在需求空间，之后再依靠建立起的垄断（甚至是寡头垄断）效应获得收益。

展性小的投资领域，也就是那些需要首先建立起传统产业规模效应的领域，如光伏[1]。

因此，像苹果这样积攒了如山的财富的大公司偏爱盈利性的投资，回购自己的股票以推高市价和股息，而不是去迎击气候变化和公共卫生等重大社会挑战，就是意料之外而又情理之中的事了。诚然，数字经济大企业的创造力可以为许多生态议题带来他山之石，但许多例子证明，数字领域主要提供的仍是优化的经验，而不是范式的转变。此外，当我们阅读数字化革命方面的主流作品时，我们会惊讶地发现，生态问题在这些作品中通常完全缺席，或者充其量只是被当作技术性的终极承诺，出现在数字行业末日论中。

当前的核心问题在于，除中国之外的大国都还没有做好准备。在气候变化怀疑论者占上风的

---

[1] Benjamin Gaddy, Varun Sivaram et Francis O'Sullivan, «Venture capital and cleantech : The wrong model for clean energy innovation», op. cit.

国度，奥巴马对碳时代后期经济模式提出的重大倡议以失败告终。除了埃隆·马斯克和比尔·盖茨等少数案例外，美国的风险投资机构和企业家们还是把目光聚焦在了拓展数字领域上。美国能源部高级研究计划署（ARPA-E）的预算从未超过3亿美元，而这个数字对于该机构的原型，也是数字化革命的支柱机构——美国国防部高级研究计划署（DARPA）的资金而言不过是九牛一毛。在这个大西洋彼岸的任务驱动型国家，没有任何产业能像数字化产业那般兴盛。

包括詹韦在内的许多观察者认为，美国已经错过了发展可以接替数字化革命的绿色革命的最佳时机，在两者巨大的差异面前，时间已经不多了，这让国家干预显得尤为必要。中国目前在这场比赛中处于领先。自2010年起，中国在清洁能源领域的投资比美国高出50%，而中国的经济体量只有美国的二分之一左右。如今，中国在可再生能源投资领域领军全球（2017年，中国集中了全球太阳能产能的56%），其绿色初创企业的规模也令人印象深刻。

欧洲的分裂使绿色产业深受其害。欧洲的优势很明确：科技资源丰富，内部市场广阔，人民对风险和问题有广泛共识。但发展之路并不好走，风险在于我们觉得一部分国家占领优势地位就足够了，如丹麦在风电产业上的优势。主要的困难在于，没有人真正知道什么将成为下一个像互联网那样的"中心平台"——在詹韦的想法里，能让企业家尽情发挥的平台。而且，美国在冷战中维持的超强政治影响力似乎有些出人意料了。有观点认为，欧洲国家和欧盟仅仅支持初创企业和企业家就可以了，并不需要大量的基础设施建设和总体发展蓝图。无论如何，这种想法是无法应对挑战的。

结 论

国家及其面对的生态转型

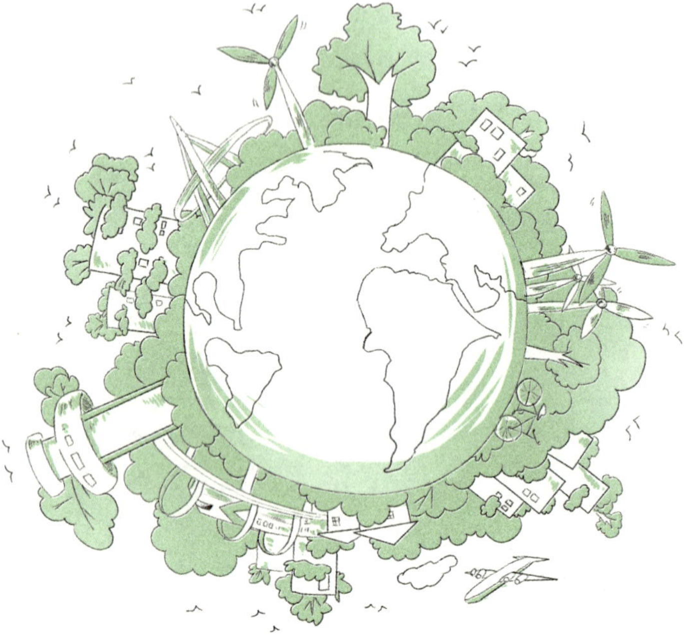

结论 国家及其面对的生态转型

纵观世界近代历史，在任何范式的转变中，国家都会被置于中心位置，无一例外。铁路、电力和互联网的重大技术变革是如此，重大的社会变革亦是如此。

安东·布朗代（Anton Brender）以19世纪和20世纪的资本主义"社会化"进程为例[1]，指

---

[1] Anton Brender, *Capitalisme et Progrès social*, Paris, La Découverte, 2020.

出就像如今的社会环境一样，在当时，存在着部分劳动几乎得不到报酬的情况。但最终，诸如童工一类的现象被禁止，法律（艰难而迟来地）对公司起到了约束作用——尽管公司通常对此持保留态度。此外，还有"二战"之后风险社会化的问题。

不论是金融市场、技术达尔文主义，还是城市中不断增多的绿色项目，都无法真正改变当今的经济和社会模式。法国不能再将大量开支集中在私有或地方主动融资上，特别指的是仅仅从私有公司、游说集团①和地方的项目中挑选一些投入资金。国家必须重新起到主导作用，去主持和开展用以应对国家发展面临的新挑战的公共研究项目，设定一致的战略目标（如能源方面的目标），开展大规模的标准基础设施建设，并注重社会发

---

① 游说集团，又称院外集团或政治游说，是尝试影响立法人员或立法机构成员的政治决定或行为。——编者注

展目标和经济发展目标之间的平衡，还要针对变革做好社会配套措施。

我们经常能在周围听到一些担忧的声音，"国家回归""干预主义""计划"在法国甚至都成了禁忌。其实以本体论而言，这对于大部分精英来说都已经过时了。欧式民主是否与集体主义就不相容呢？有的体制或能避开市场逻辑，尤其是避开近几十年金融圈的乱象。人们不无理由地认为，欧洲国家官僚主义严重，拘泥于细枝末节，深陷微观管理的泥潭，越来越不能达到受过更好教育的新时代民众的期待，这样的国家还没有完全准备好开始这场条件严苛的"冒险"。但是，我们还有别的选择吗？

我们要从长远看问题，并且敢于重新谈论"计划"。但我们可能会误解"计划"的含义，把它设想成旧时的概念，即仅仅由国家中央层面部署的专家治国方案。在我们生活的社会中，权力的分布呈网状，公民和民事实体能以多种方式在多个层面起到自己的作用。法国的经济是混合经济模式，即公有制和私有制并存，经济的管辖权广泛分布于社会各个行业，在向生态经济转型期间，这些权能的调动对产业是至关重要的，即便是对结构性衰退的产业也是如此。

法国当前的国家权力和中央集权之间的关系是历史背景下的特殊产物，这种关系已经越来越不符合时代，因此，其他新的关系将会应运而生。作为"先驱"国家——不仅仅是"战略"国家，因为"先驱"这个词已经过于老生常谈，法国应该为不同地域和不同行业留出自由发展的充足空间——它们需要舞台才能发挥！

金融领域的运行将是法国面临的核心问题。为了建设更生态、更公平的社会，在超工业化进程中，我们在实体经济方面还有发展空间。习惯于优化资源配置的工业家们可以作为彼此转型的盟友，但如果他们的投资股东要求获得与付出的"投机性投资"相匹配的收益率，那么这些工业家们的行动就会受到束缚。

此外，生态转型必须融入经济和社会整体转型之中，才能在建设理想世界的进程中发挥作用。以人为本的经济理念，在这方面已经建立了一个优势杠杆；而在个性化市场模式加剧的背景下，个人经济——健康、教育、休闲、交通、安全，对于数字化巨头和平台而言，每个人都是潜在的目标。在所有这些层面，国家——作为集体和民主力量的体现——应当掌控局面。

最后，减少不平等非常关键，因为不平等削弱了我们的民主。仅仅依靠再分配这一个办法来对抗不平等是不够的，我们需要深入问题的核心，即定期收益、金融，尤其是房地产的通胀以及生产税三者之间的异常分离。

我们面临的挑战，不仅仅是要从新的食利者手中收回他们的"不当得利"，尽管金融界的"暴食"是一种现实，更大的问题在于因此而导致的不平等，会造成实体经济的出路减少，以致公共投资薄弱，从而又加剧了实体经济的低迷。上述现象是十分惊人的,尤其是在后疫情时代这样的时刻。目前,我们在治疗疾病、建立会呼吸的城市、改革农业,以及保持地球的宜居性等方面,还有许多事情需要去做。